山东省教育科学"十四五"规划2021年度课题

课题批准号：2021WYYB014

文化语境与语言翻译

李克峰　著

PUT YOURSELF INTO THE WRITER'S SHOES

汕頭大學出版社

图书在版编目（CIP）数据

文化语境与语言翻译 / 李克峰著. -- 汕头 : 汕头大学出版社，2023.6

ISBN 978-7-5658-5044-8

Ⅰ. ①文… Ⅱ. ①李… Ⅲ. ①翻译一研究 Ⅳ. ①H059

中国国家版本馆 CIP 数据核字（2023）第 101678 号

文化语境与语言翻译 WENHUA YUJING YU YUYAN FANYI

作　　者：李克峰
责任编辑：宋倩倩
责任技编：黄东生
封面设计：清音华章
出版发行：汕头大学出版社
广东省汕头市大学路 243 号汕头大学校园内 邮政编码：515063
电　　话：0754-82904613
印　　刷：北京兴星伟业印刷有限公司
开　　本：710mm×1000mm 1/16
印　　张：13.5
字　　数：200 千字
版　　次：2023 年 6 月第 1 版
印　　次：2023 年 6 月第 1 次印刷
定　　价：48.00 元
ISBN 978-7-5658-5044-8

前　言

文化语境，就是在某一特定的具体文化中，人们的认知环境，该认知环境同样包括语言环境、具体语境和认知语境。每一环都与语言密切相关。语言翻译是一门科学，它需要知识，需要核对事实的能力，需要懂得描述这些事实的语言。翻译中，错误的内容，错误的事实，应该加以鉴别。语言翻译无论是作为文化现象、思想运动，还是作为一项职业、一种知识技能，总与所处的时代背景密不可分。

语言是文化的载体，文化是语言的土壤，翻译是文化交流的桥梁。语言记录着人类文化发展的历史，反映着社会文明进步的成果，它总是生长在一定的文化语境之中。在语言活动过程中，处处都有文化的烙印，时时可见文化的踪迹。语言文字是一个民族文化的结晶，这个民族过去的文化靠它来流传，未来的文化也要依仗着它来发展。

文化语境在翻译过程中是十分必要的因素。奈达曾在他后期的翻译理论研究中认为，作为翻译目的的“功能对等”其实是基于语境的层面，而不是语言系统本身。语言的翻译不仅是语符表层意义的转换，更是两种不同文化的相互沟通和移植，翻译既涉及两种语言，更涉及两种文化。

随着文化的不断交流趋同，“地球村”上人类共性的认识正在逐步扩大，各民族之间特殊性的差异正在相对减少，语际之间的可译性限度也日趋缩小。在文化趋同的过程中，语言的融合现象丰富了中西两种文化的内涵，扩大了两种文化的共核成分，提高了两种语言的可译度，进而又促进了文化的趋同过程。另一方面在文化趋同的过程中，不同的文化观念不可避免地会发生局部的交叉、碰撞和冲突，从而给语言的翻译带来种种障碍和困难。

为此，笔者编写本书过程中力求对文化语境和语言翻译进行系统的梳理，并在长期的教研工作中将相关研究成果能为学科教学提供资源支持与服务，也希望使之成为学生开阔视野，提升素养的读物。编写的过程中尽量做到内容易懂、文字简洁，考虑教情和学情，表述全面。

本书以上述内容为主题，共分五章：

第一章绪论。介绍语境翻译的当前视野和语境翻译的理论基础。

第二章翻译与语境的概述。首先对翻译进行了介绍，简单解释了翻译的定义、原则和过程。之后对语境理论进行了系统、详细的回顾和综述，介绍了语境的定义、分类和特征以及翻译中语境的作用与功能。

第三章语境中的翻译表现。本章把语境分为语言语境和非语言语境。并分别分析了在这两种语境下翻译的表现形式。

第四章语境翻译文体应用。具体探讨了不同文体的下语境的作用。

第五章 结论。

总之，笔者旨在打造一本真正易学易用的基于文化语境提升语言翻译素养的书籍，希望能对英汉翻译研究略尽绵薄之力。因水平所限和编写时间的仓促，本书难免有疏漏之处，敬请广大读者批评指正。

注：本书系山东省教育科学“十四五”规划 2021 年度课题“高中英文名著阅读教学策略研究”（课题批准号：2021WYYB014）的研究成果之一。

目 录

第一章 绪 论

第一节 语境翻译的当前视野

不同的人对同一个词语的解释是不同的，因此会产生不同的翻译篇章。哪一个是正确的，哪一个是错误的？解决这一问题的标准是语用学中的语境知识。因为，单独一个词没有具体的意义，只有当它在具体的语境中使用时才拥有准确的意义。因此在翻译时，我们应该把握语境和翻译的关系，借助语境方面的知识成功地完成跨文化交际任务，而不应该只注意语言内部系统，忽略一些主观和客观因素，只局限于句子、段落、和篇章。下面我们就来看看语境翻译的当前研究概况。

1.1.1 外国学者语境观

语境研究始于波兰籍人类学家马林诺夫斯基（Malinowsky, 1884—1942）。1923 年，他在给 Ogden 和 Richard 所著的《意义之意义》这本书所写的补录中首次提出了“语境”这一术语，当时所用的名称为“情景语境”。

马林诺夫斯基对语言功能有自己独到的见解。他早年在研究南太平洋特罗布里恩群岛上进行人类学考察，在研究原始部落的语言时，他发现上著人使用语言是为了表达“寒暄”功能、“实用”功能和“巫术”功能。马林诺夫斯基从人类学的角度阐述了语言的功能，后经伦敦语言学派的发展和完善，直至迈克尔·韩礼德根据语言学理论提出语言的概念功能，交际功能和语篇功能。语言功能的概念解释了语言系统的本质特征并形成韩礼德系统功能学说的核心。

马林诺夫斯基特别强调了语境在语言研究中的重要地位。当他在考察实践中尝试把当地土著人的谈话翻译成英语时，发现语言与民族的文化和习俗有密切的联系，不充分参照这些因素便无法理解语言。比如当地土著人把划船的木桨叫“wood（木头）”，马林诺夫斯基说，如不把这个人的话与当时的语境结合，就无法理解“wood”指的是什么。因此，“话语和语境互相紧密地结合在一起，语言环境对于理解语言来说是必不可少”。

（西棋光正，1992：7）

马林诺夫斯基深入研究了语境问题。他将语境分为狭义和广义的两类。狭义的语境指话语产生的当时及紧随在其后的各种实际事件，可称为“情景语境”；广义的语境则包括话语产生的整个文化背景，可称为“文化语境”。马林诺夫斯基对语境的认识直接影响到后来的“伦敦学派”乃至整个西方语言学界。

在西方语言学界，研究语境最多的是“伦敦学派”，又称弗斯学派。创始人弗斯（John Rupert Firth, 1890—1960）在20世纪40至60年代，是英国语言学界的中心人物。弗斯继承和发展了马林诺夫斯基关于“语言环境中的完整的话语才是真正的语言事实”的学说，他非常重视语言与社会之间不可分割的联系，坚持把语言单位放到语境中研究。弗斯认为“语境乃是语义分析平台上一套彼此相关、抽象的观念类别”。（戚雨村，1991：13）他在语境概念基础上建立起一种独特的意义理论。他把一切语言描写都看成对意义的说明，强调语言学的目的是说明意义。弗斯反对把语言和言语、系统和话语截然分开，他认为语言的内部结构应该反映外部语言环境，强调意义不仅与一个特定景象和声音的环境相关联，而且深深地根植于人们赖以生存的社会活动之过程中，唯有把语言作为社会过程的一部分加以研究，才能客观地再现语言的真实面貌。

弗斯发展了马林诺夫斯基的语境学说。1950 年，他在《社会中的个性和语言》一文中，对“语境”做了比较详细的阐述。他认为“语境”有两种，一种来自语言内部，即一句话的上句或下句，一段话的上段或下段；另外一种来自语言外部，反映了语言和与社会环境之间的关系。

弗斯的认识不同于马林诺夫斯基。他将语言因素也划入语境，除了语言本身的上下文以及语言出现的环境中人们所从事的活动之外，整个社会环境、文化、信仰、经历、参与者的身份、参与者之间的关系等因素，都是语境的一部分。将语言环境看作语言内部环境，即一个结构各成分之间的组合关系和一个系统内部单位之间的聚合关系。弗斯非常强调“情景语境”的作用，按照他的描述，“情景语境”又分为内部关系和外部关系。

内部关系指：

1. 参与者的有关特征。

2. 有关的事物。

3. 言语行为的效果。

外部关系指：

1. 参与者所属的经济、宗教、社会结构。

2. 话语类型。

3. 个人情况（年龄和性别）。

4. 言语类别。

迈克尔·韩礼德是继弗斯之后伦敦学派又一个在语境研究中做出突出贡献的人物。

韩礼德认为语言的功能即指该语言单位在一定语境中所起的作用，语言的功能不仅体现在不同的语言用途，还体现于语言符号系统，尤其是语义系统的内部结构之中。因此，研究语言功能的目的在于强调语言功能与符号系统之间的转换与对应，研究语言系统和功能语法的目的是为了进行话语分析。

韩礼德在马林诺夫斯基和弗斯的基础上对语境进行了更明确的论述。1964 年韩礼德提出了著名的语域（register）学说。语域的确立主要是把语境特征和一定的语法结构和词汇形式相互对应来研究各种语言变体。韩礼德理解的“语域”包括三方面的内容：话语的范围，包括政治、经济、日常生活等；话语的方式，包括口头或书面形式；话语的风格包括正式或非正式的会谈。在这之后，他又提出了场景（指正在发生的社会活动）、方式（指所采用的语言符号或修辞方法）和交谈者（指谈话参与者的地位、身份及其相互关系）作为相对照的语言环境的三个组成部分。

1.1.2 中国学者的语境观

中国的语境研究始于陈望道先生。他于 1923 年在《修辞学发凡》一书中指出：“修辞学以适应题旨情景为第一义，不应是仅仅语词的修辞。……凡成功的修辞，必定能够适合内容复杂的题旨内容复杂的情景。”（陈望道，1979：11）他在此书中提到修辞要适应情景和题旨的“六何”理论：何故、何事、何人、何地、何时、何如，被中国语言学界公认为是有关“语境”的最早阐述。

张志公先生对语境进行深入研究。1982 年，他在《现代汉语》一书中谈到了语义和语言环境。他认为语言是一种社会现象，是一种社会活动，因此语言总是在某种社会的某种环境中使用。理解和使用语言都离不开一定的语言环境。他分析，“所谓语境问题，从比较小的范围来说，对语义的影响最直接的是现实的语言环境，也就是说话和听话时的场合以及话的前言后语。”

现实环境与语义的关系十分密切，语义常常由现实语境来确定。此外，大至一个时代、社会的性质和特点，小至交际双方个人的情况，如文化教养、知识水平、生活经验、语言风格和方言基础等，也是一种语言环境。与事实的语言环境相比较，这两种语言环境可以称为广义的语言环境。

（张志公，1982：213-215）

王德春认为语境对修辞学研究至关重要："言语环境的类型影响到语言的使用，它关系到语言的语体、风格、文风以及修辞方法的变化与发展。"

（王德春，1989）

他从研究言语环境的类型入手，提出了"语境规律"。

具体地说：

1. 语境是时间、地点、场合、对象等客观因素和使用语言的人的身份、思想、性格、职业、修养、职业、处境、心情等主观因素所构成的使用语言的环境；

2. 依赖于构成语境的客观因素，就出现一系列言语特点，并形成一定的体系，这就是语体；

3. 构成语境的主观因素决定了个人使用语言的特点，这就是风格。

（转引王冬竹，2004：58）

何兆雄认为语境在语用研究中起着十分重要的作用，语用学的目的就是"要研究一个词一个句子在特定的语境中所具有的交际价值"。（何兆雄，1989：13）他指出对语境的最狭义的理解是把它看作言语的上下文，即一个句子在更大的语言段落中所处的位置。但这还远远不够，对语境的确切理解必须考虑语言外的因素。

他将其分为三类：一是背景知识，二是情景知识，三是对交际双方的互相理解。何教授对语境的理解与众不同之处在于他的语境分类中包含了"相互理解"这一心理因素，并把它上升到"语用推理的基础"，这个认识在许多其他中国学者的著述中还不曾出现。

胡壮麟在《语篇的衔接和连贯》（1994）一书中研究了语境和语用

学的关系，他认为语境包括三方面：（1）上下文，指语篇内部的语境；（2）情景语境，指语篇产生时的周围环境，事件的性质，参与者的关系、时间、地点、方式等；（3）文化语境，指说话人所在的言语社团的历史文化和风俗人情。

（胡壮麟，1994：182）

何自然在《语用学与英语学习》一书中将语境认定为言语交际所依赖的环境。

语境包括：

1. 语言环境，即文章或言谈中的话题的上下文；

2. 人们交际时共处的社交语境，即说话人使用语言和听话人理解语言的客观环境，如交际场所、交际双方的身份、地位和彼此之间的关系以及双方的社会、文化背景等；

3. 交际双方各自不同的认知环境，即各自不同的经验、经历、知识等足以影响交际认知种种情况。

（何自然，1997：210）

从上文中我们可以看出，中外学者对语境研究表现出浓厚的兴趣。西方学者大多探讨语言环境对于语言使用的影响和制约；我国学者注重研究语言环境和语义的关系以及语言环境下产生的不同修辞效果；俄罗斯学者提出统觉基础理论，注意到心理因素对语言使用的影响；将其划分为固定和临时的两大类，他们的研究结果对当今语境理论有重要的参考价值。

第二节　语境翻译的理论基础

1.2.1　关联理论

近年来根据关联理论发展起来的翻译理论日益受到翻译界的重视，

关联理论下的语境观也成为做好英文翻译工作的重要指导理论和工具。

关联理论是近年来西方广泛流行的认知语用学理论，它从人的认知角度对翻译进行研究，给翻译研究打开了一个全新的视角，为翻译活动提供了一个较好的理论框架，并能有效地解释这一复杂现象。

D. Sperber 和 D. Wilson 于 1986 年合著出版了《关联：交际与认知》（Relevance：Communication & Cognition：Blackwell）一书，提出了颇有影响的有关言语交际的理论即关联理论（relevance theory），为语言的研究开启了新的方向。关联理论认为，言语交际是一个涉及信息意图和交际意图的明示与推理过程（ostensive–inferential process）。明示与推理是交际过程的两个方内。明示是对说话人而言的，指的是说话人明确地向听话人表示意图的一种行为；推理是对听话人而言的，指的是听话人是根据说话人的明示行为，结合语境假设，获知说话人的交际意图。关联理论有两个原则，即认知原则（cognitive principle）和交际原则（communicative principle）。其认知原则认为：人类的认知倾向于同最大关联相吻合； 其交际原则认为：每一个明示刺激都假设自己具有最佳关联（optimal relevance）。人们理解话语的过程，就是依据关联原则建构认知语境的过程，就是付出努力取得相应语境效果的过程，也是取得最佳关联，并最终实现说话人交际意图的过程。

传统语境认为理解话语的语境，一般说来是事前固定的，理解话语靠的是语言的解码。而关联理论强调从人的认知角度来理解交际语言，将语用学研究的重点从话语的产出转移到话语的理解，指出语言交际是一个认知——推理的相互明示的过程，对话语的理解就是一种认知活动。关联理论中新的语境观认为：语境是动态的，是一个变项，是听话人在话语理解过程的心理构建，交际认知环境为背景，在不断的交流过程中，新的经历添加到潜在的语境中，构成新的语境。因此，关联理论视角下言语交际中的语境是动态变化的，是随着环境的变化由说话人与听话人双方在交际时确定的，它肯定了认知主体、人的心理认知能力的巨大作用。因此从认知的角度来看，语境不是明摆在我们面前的客观存在，也不是在推理之前已经存在或规定好了的条件，它是一个变项，是听话人在话语理解过程的心理构建。语境结构也同样受语用总原则也就是关联原则的统辖。

在中英文的翻译过程，要达到起码的等值效果，就必须正确地认知和理解交际语言。要正确理解交际语言，就要通过语境来寻找关联，要靠推理和判断联系。但是，翻译者和翻译过程受诸多语境因素的制约，会出现许多可能未曾遇到的问题。因为人类语言里每一个话语都可能有多种理解，所以，在特定情况下，如何正确把握分析话语含义，就必须通过适当语境来寻找关联，然后根据话语和语境的具体情况来进行关联推理，进而进行翻译。有效利用关联理论的框架，对搞好翻译工作会有很大裨益。

传统的语境概念涵盖的范畴很广，涉及到语言的知识、语言的上下文、人的世界知识、交际的社会文化背景、交际的时间、地点、交际者、说话方式等情景要素。关联理论视角下的语境观突破了和当时交际话语有关的物理环境或前面紧靠话语的有关信息，语境随着双方的认知环境的变化和交际的发展显现出动态变化的过程。因此，译者要具有对原语文本产生多种阐释并根据关联原则结合当时的语境从中选出一个最佳译文的能力，力争使原文作者的意图与读者的企盼相吻合。译者必须体会出原文作者的意图，即他试图传达给读者的语境假设在译文读者的潜在语境是否存在，如存在，要从中推出所需要的语境假设是否十分费劲，按关联翻译理论说，就是付出的“推导努力”（processing efforts）和“语境效果”（contextual effects）是否相称。要确定原文作者的暗含意义，译者就要寻找话语和语境之间的最佳关联。看下面语段的理解：

1. The war, too, had fumed the lovely Shenandoah Valley into a wasteland.

Many families in and around Berryville had left their homes or farms Grey and Blue forces still clashed fiercely in the valley.

如果不了解这段话的历史背景，按照其字面意思译成“这场战争也早就把可爱的谢南多厄河谷变成一片荒野。里维尔市内及其周围的家庭都已离开自己家园或农场。灰军和蓝军仍在这个河谷激战。”这个译文从表面上看当然没错，但是大多数中国读者只知道中国和前苏联有红军和白军，却不知道“灰军”和“篮军”指的是什么。这就说明译文读者和原文读者所具备的认知语境并不相同。这时译者就应从原文中寻找关联，找到相关的背景知识。即：在美国内战时期，南方军因穿灰色服装所以被称为“灰军”，北方军因穿蓝色服装故名“篮军”，若译者在译文后加注说明，读者便一目了然。当然，也可依照简洁原则直接译作“穿灰色服装的南方军”和“穿蓝色服装的北方军”（陈小元，2006）。

2. A：I have a hunch that Lily is looking for a new job.

B：She is studying job ads whenever she' s got a spare minute.

在该段对话中 A 自己并不确信 Lily 正在寻找新工作，但由于受 B 话语的影响，A 很容易就从其认知环境中获取如 2a 的语境假设作为隐含前提。这个前提与 B 话语提供的前提 2b 相结合，就产生如 2c 的语境效果。

2a. If someone often reads job ads, he is probably looking for a new job.

2b. Lily often reads job ads.

2c. Lily is probably booking for a new job.

2c 信息的获得增强了 A 对于 Lily 正在求职这个猜测的确信程度。根据关联理论，可以说，新假设 2c 加强了 A 的语境中的一个旧假设，获得了语境效果。

3. A：Do you likc rugby?

B：1 am a New Zealander.

要正确理解和翻译这段对话，我们必须了解该段对话的有关语境。B

的明示话语给 A 提供了一个可推理的认知环境，使 A 获得 B 是新西兰人这个语境信息；A 从自己的认知环境中确认新西兰人酷爱橄榄球运动这个语境假设。于是，A 就以这两项假设为前提进行逻辑演绎推理，即从 B 用暗示手段提供的信息中，分析其暗含前提，推断出 3a 的暗含意图，最终获得 B 酷爱橄榄球这个语境效果。

3a. New Zealanders like rugby. B is a New Zealander; B likes rugby.

在翻译时，译者还得注意随着时间的推移，即语境也在变化，即使是同样一句话、同一个词，在不同的场合和语境下都会有不同的含义。试看如下句子的翻译：

4. Her father passed away last spring.

如果谈话者说这句话的时间如果是在秋季或冬季，就应翻译成："她爸爸是今年春天逝世的"；如果说话的时间在春季，则应翻译成"她爸爸是去年春天逝世的"。

I. R Firth 曾说过"A word in a new context is a new word."同样一个词或一句话，在不同的语境，也有不同的含义，尤其是遇到文化差异比较大时，其语境更有不同的含义。就是说，一个词在新的语境中便有新的意义，这点在翻译中必须注意，请看下面句子的翻译：

5. The stork visited Howard Jones.

上例中，"stork"是一种鹤鸟。在英语神话中传说小孩都是由鹤鸟带来的。"a visit by the stork"意为婴儿的诞生。很显然，如果译者不了解其文化内涵，就无法正确地理解原文。此外，由于汉语中，并没有这种文化意象，汉语读者也不能领会"鹤鸟"的真实含义，因此译者应在对原语语境理解的基础上，根据这段话的语境，将它译成"霍华德．乔尼斯家昨天生了一个小孩"（曲连秀，2007）。在关联理论的框架内，翻译是一个对原语（语内或语际）进行阐释的明示推理过程，是一种言语交际行为。翻译本身主要是一个语用概念，关联理论语境观能很好地解释翻译实践过程，即译者总是根据读者对象的认知环境进行假设，然后读者根据关联原则选择动态的语境进行推理，以寻求最关联的理解。因此，译者不但要解决文本中的语言问题，而且要高度重视文本的语境问题。在翻译理解的过程中，译者必须对语境加以全面分析和理解，译者选择语境的过程必须与言语理解过程同时进行。译者要力求在此过程中，找到最佳关联度，创造足够的合适的语境效果。实际上，在英文翻译中，语境分析该达到何种程度，也主要由关联性决定。只有当译者找到最佳关联时，一个特定的语境才算确定下来，从而为译文创造良好的理解基础。

语境在英文翻译中是理解与表达的重要依据，它和关联理论共同解释了大量有关语言的理解和认知的问题，阐述了人们如何在交际中根据事物的关联性，把新信息和已有信息联系起来，得出符合逻辑的结论。它还强调了交际中，明示推理的重要性，提出了交际的最佳关联原则。在翻译工作中，我们要正确理解原文就必须紧扣语境，反复推敲，译语表达也必须密切联系语境。只有这样，我们才能准确达意传神，提高英文翻译的质量。总而言之，语境和关联理论对理解人的认知和交际过程具有重大的理论意义和现实意义，它不但有助于搞好翻译工作，同时也有助于指导英语教学，辅助学生改进学习策略，提高教学水平。

1.2.2 顺应论

Verschueren（1999）在他的新著《语用学新解》中提出了“顺应论”（theory of adaptation）。他认为语言的使用过程就是语言选择的过程，语言使用者之所以能够在使用语言的过程中作出种种恰当的选择，是因为语言具有变异性（variability）、商讨性（negotiability）和顺应性（adaptability）。语言的变异性为语言选择提供了多种可能；语言的商讨性指所有的选择都不是机械地或严格按照“形式功能”关系得出的，而是在高度灵活的原则和策略的基础上完成的；顺应性指语言能够让其使用者从可供选择的项目中作灵活的变通，从而满足交际的需要。其中顺应性是最为核心的一环。Verschueren 认为，在语言使用过程中，语言的选择必须顺应语境。他把语境分为交际语境和语言语境，交际语境包括语言使用者、物理世界、社交世界和心理世界；语言语境即我们通常所说的上下文，它主要包括篇内衔接（cohesion）、篇际制约（intertextuality）和线性序列（sequencing）三个方面的内容。另外，语境不是静态的，而是由不断被激活的语境因素和一些客观存在的事物动态生成的。

根据 Verschuerern 的理论，顺应包括语境关系的顺应、语言结构的顺应、顺应的动态性和顺应过程的意识程度四个部分。Verschueren 的顺应理论为理解和论释语言的使用提供了一个全新的视角。

1.2.2.1 翻译过程中的语境顺应

如前所说，语言的使用是一个连续选择语言的过程，同一切语言交际活动一样，翻译活动也是一个不断做出选择的过程。确切地说，翻译不仅仅是一般的语言选择过程，更是一种双语转换过程中更为复杂的语言选择过程。语言的选择要顺应于语境，那么，翻译过程中，对目的语言的选择必须与源发语和目的语双方的认知语境相互顺应。

因此，翻译过程中的顺应是指“在使用目的语文化阐释源发语文化的过程中，译者使自己的翻译活动及思维运作顺应于源发语文化和目的语文化双方的认知环境”。在宏观上，译者要顺应于不同文化的物理世界、社交世界和心理世界等交际语境方面的因素；在微观上，则要顺应于语言结构层面上的语码和风格、语言构建成分和语篇结构等语言语境方面的因素。我们还应考虑到不同语境的语用因素的影响，否则要如实地表达原文的信息和忠实地再现原文的风格都是很难做到的。

翻译过程中的语境是译者在使用目的语来阐释源发语的过程中动态生成的。翻译时语境还会随着翻译过程的发展而不断变化，不同的语境因素可以左右语言的选择，改变话语的含义；同时，不同的语言选择也会影响到语境的变化。可见，在翻译过程中，动态的语言环境对语言的选择有很强的制约性。因此，译者必须动态地顺应于原语和目的语双方的语境因素，担负起沟通不同文化之间交流的桥梁作用。

1.2.2.2 语言语境顺应的翻译

从顺应论的角度来看，语言语境主要包括篇内衔接、篇际制约和线性序列三个方面的内容。通过语言语境来确定语义是不言自明的，因为词语只有在特定的语境中才有其确定的含义。

此外，语篇要受其谈论的主题和使用的文体等因素的制约，不同的文体具有不同的风格，虽然在词汇和语法方面不会有根本性的差异，但是在句法结构、表达方式和语言风格上却明显地不同，因此，译者在用目的语表达时应顺应原文本的文体，再现原文本的风格。例如：

The agenda of ongoing work in the social and behavioral sciences has been revealed here in only the most fragmentary way. But I hope these fragments will provide some glimpse into the excitement and significance of the whole.

译文一：关于在社会和行为科学中我们目前正在搞的工作的进程，在这儿只是以很不搭界的方式摆出来的；可是我希望这些拉拉杂杂的东西倒能使读者见识一下我们整个的研究工作是多么有趣又是多么有意义。

译文二：这里展示的并非社会科学和行为科学的总体现状，只不过让读者见其一斑。然而，笔者希望这些零散材料能引起人们的兴趣，使之对全部工作的必要意义有个概略的了解。

上述例句引自一篇学术论文，属于书面语体。译文一中却出现了“很不搭界”“拉拉杂杂”等口语词汇，与原文的语体风格大相径庭，而句法结构也不像原文那么紧凑，从整体来看，给人一种口语化的感觉，难以再现原文的风貌。译文二无论是从词汇上还是句法上都顺应了原文的语体风格，体现了原文的文体特色。

1.2.2.3　交际语境顺应的翻译

根据顺应论，交际语境包括物理世界、社交世界和心理世界。翻译作为一种跨文化的语言交际活动，译者要顺应源发语和目的语双方的交际语境。

1.2.2.3.1　物理世界顺应的翻译

物理世界主要指时间和空间的指示关系。翻译是一种跨地域、跨时空的语际间的信息交际，地域的差别，时空的不同往往会成为语际间交际的障碍。在翻译中，译者应意识到同一词语在不同的物理世界中会呈现不同的文化内涵，从而主动顺应不同的物理世界选择合适的词语，取得原文与译文的间接等值。例如，莎士比亚十四行诗“Shall I compare thee to a summer' s day”一句中的“summer ”（夏日）一词，在翻译时，译者必须考虑“夏日”原语文化和目的语文化之间可能存在的差异。由于空间关系的不同，莎翁笔下的英国“夏日”，指的是宜人时节，然而，在许多其他文化中，比如汉语言文化，“夏日”则表示“难耐的酷暑和煎熬”。要做出合格的翻译，译者就必须顺应原语和目的语双方的物理世界，改变原文本的形式，从而在目的语中正确传递原语中英国“夏日”的文化内涵。

1.2.2.3.2　社交世界顺应的翻译

社交语境指社交场合、社交环境对交际者的言语行为所规范的原则和准则。此处的交际者不是抽象化和理想化的语言使用者，而是生活在现实社会中活生生的人，他们的言语行为受到社会和文化规范的制约。在社交世界中，社会文化是一个很重要的因素。任何语言，只有扎根于文化才得以存在。文化通常不限于文字形式，它是间接影响语义的非语言因素。非语言因素包括某种语言的文学、历史、社会制度、风俗习惯、宗教信仰、思维方式以及不成文的规则等各种文化因素。英国翻译理论学家苏姗巴斯奈特认为，如果把文化比喻成人的身体，那么语言就是人身体的心脏，只有身体与心脏相互协调，人类才能保持生机与活力。外科医生给病人做心脏手术时，绝不会不管病人心脏周围的身体状况。翻译人员从事翻译工作时也绝不能脱离文化而孤立地看待翻译。在翻译活动中，译者既要顺应原文所描写的社交世界，同时又要顺应目的语读者预期的社交世界。例如：

“看凤姑娘仗着老太太这样的厉害，如今‘焦了尾巴梢子’了，只剩了一个姐儿，只怕也要现世现报呢？”

《红楼梦》

“Xifeng was so ruthless when she had the old lady' s backing that now she' s died sonless, leaving only one daughter. She' s suffering for her sins!”

通过顺应原语的社交语境，可以得知，“焦了尾巴梢子”是“断子绝孙”的委婉说法。在汉文化的传统观念中，“不孝有三，无后为大”，断子绝孙是对祖宗的最大不孝，因此要受到报应。但是大多数西方人并没有这样的传统观念，也不可能真正理解“died sonless”的文化内涵。那么，在译文表达时，译者应顺应于目的语读者的社交语境，添加必要的注释，如：sonless—curse intolerable to bear in China，使目的语读者对“焦了尾巴梢子”的文化内涵有所了解，增进了中西民族间的文化交流。

1.2.2.3.3 心理世界顺应的翻译

交际语境中的心理世界主要包括交际者的性格、情感、意图和愿望等认知因素和情感因素。交际过程中说话人选择语言的过程是一个顺应交际双方心理世界的动态过程。翻译过程中，译者在使用目的语表达时也要顺应于原文中交际者的性格等心理世界方面的因素。例如：

“Oh!” said Lydia stoutly, “I am not afraid; for though I am the youngest, I am the tallest.” (*Pride and Prejudice*)

译文一：莉迪亚满不在乎地说：“对这一点我毫不担忧。我的年龄虽然倒数第一，但我的个头却是最高的。”

译文二：“哦！”莉迪雅满不在乎地说，“我才不担心呢。我尽管年纪最小，个子却最高。”

文学作品中，人物的性格主要是通过各自的言行举止表现出来。在《傲慢与偏见》这部小说中，16岁的莉迪亚是班内特家最小的女儿，幼稚，轻狂，放纵。译文把“I am not afraid”译成“对这一点我毫不担忧”，这样文绉绉话不像是出自轻狂的莉迪亚之口。译文二则顺应于原文的人物特征，恰当地体现了莉迪亚的性格。

由此可见，译文的成功与否，不在于词语是否华丽，而在于是否把恰当的词语用在了合适的地方。在现实生活中，人们的语言千差万别，同样，在小说作品中，由于地位、素养、经历等方面的不同，人物的语言也各具特色，纷繁多姿。描写宝黛的言辞就不能与刻画薛蟠的话语相提并论。在翻译过程中，译者必须顺应原文作品中不同人物的个性及情感因素，恰当地把握个体语言特色，同原文一样，使作品中的人物形象跃然纸上，忠实地再现原文的艺术特色。

翻译即译义，译者的主要任务是向目的语读者传达原文的所有意义。意义的生成是一个动态的过程，受到语境和语言结构的制约，因此，以“译义”为中心的翻译活动必须动态地顺应语境因素和语言结构因素，同时考虑不同的语用策略，然后运用合适的翻译技巧，做出恰当的目的语言的选择，向读者传达符合当时语境的意义。翻译中的语境顺应是多层次的，多角度的，既要顺应语言语境，又要顺应交际语境。

同时，翻译过程中的语境是译者在使用目的语阐释源发语的过程中动态生成的，翻译时语境还会随着翻译过程的发展而不断变化。因此，在翻译过程中，译者应根据不同的语境做出动态的顺应，再现原作者的真正意图以及原文的文体、风格等因素，获得最佳的语境效果，从而将原文信息最大限度地传达给译文读者。

第二章 翻译与语境的概述

第一节 翻译的本质

2.1.1 翻译的定义

自从人们的翻译活动开始以来，已经有许许多多的人给翻译下过定义。关于翻译，我们不能简单地定义为“一种语言的另一种表现形式”。随着翻译理论和实践的发展，翻译家们对翻译不断产生新的认识，不同的翻译家以及不同时期的翻译家对翻译概念的解释也有所不同，这些解释各有千秋，有的比较全面，有的则比较片面。如何给翻译下一个准确的定义，这的确是一个棘手的问题，它受到人们对翻译实践过程的认识的约束。目前从不同角度对翻译的定义有许多种，下面列举一些比较具有代表性的定义。

国内翻译家及学者对翻译的定义：

1. 吴献书认为，翻译是将一种文字之真义全部移至另一种文字而绝不失其风格和神韵。

2. 张培基认为，翻译是用一种语言把另一种语言所表达的思维内容准确而完整地表达出来的语言活动。

3. 刘宓庆认为，翻译的实质是语际的意义转换。

4. 蔡毅认为，翻译是将一种语言传达的信息用另外一种语言表达出来。

5. 王克非认为，翻译是将一种语言文字所蕴涵的意思用另一种语言文字表达出来的文化活动。

6. 李运兴认为，翻译就是用译语语篇传达原语语篇及译者的交际目的。

7. 汪涛和黄新渠认为，翻译是一种语言文字的实践，是利用一种语言文字将另一种语言文字所表达的思想确切而完善地重新表达出来的实践。

8. 王宏印认为，翻译是以译者为主体，以语言为转换媒介的创造性思维活动。所谓翻译，就是把见诸于一种语言的文本用另一种语言准确而完整地再造出来，使译作获得与原作相当的文献价值或文学价值。

9. 冯庆华认为，翻译是许多语言活动中的一种，它是用一种语言形式把另一种语言形式里的内容重新表现出来的语言实践活动。翻译是一门艺术，是语言艺术的再创造。

10. 陈宏薇认为，翻译是跨语言、跨文化的交际活动；翻译是科学，是艺术，是技能。

国外翻译家及学者对翻译的定义：

1. 泰特勒认为，好的翻译应该是把原作的长处完全地移注到另一种语言，以使译入语所属国家的本地人能明白地领悟、强烈地感受，如同使用原作语言的人所领悟、所感受一样。

2. 费道罗夫认为，翻译就是用一种语言把另一种语言在内容与形式不可分割的统一中所业已表达出来的东西准确而完全地表达出来。

3. 英国著名翻译理论家卡特福德认为，翻译的定义也许可以这样说：把一种语言中的篇章材料用另一种语言中的篇章材料加以代替。

4. 奈达认为，翻译就是在译入语中再现与原语的信息最贴切的自然对等物，首先是就意义而言，其次是就文体而言。

5. 巴尔胡达罗夫认为，翻译是把一种语言的言语产物在保持内容方面（也就是意义）不变的情况下改变为另外一种语言的言语产物的过程。

6. 纽马克认为，通常（虽然不能说总是如此）翻译就是把一个文本的意义按原作者所意想的方式移入另一种文字。

7. 德国翻译理论家威尔斯认为，翻译是一种语际信息传递过程，这一过程具有单向性和不可逆性。

8. 国际译联主席安娜利落娃认为，翻译作为一种过程，是一种口头和笔头活动，其目的在于把存在于一种语言的口说的或书面的话语（作品）用另一种语言再现出来，并保持原话（原文）内容基本不变。作为翻译的结果，译作是原文的类似物。

在以上对翻译的定义中，美国翻译理论家奈达给出的定义很好地说明了翻译活动的实质。与上述国内外其他定义相比，奈达的定义有三个优点。第一，它明确说明了要翻译的东西是什么，即信息，重在内容，其次是形式；第二，它表明语言文化上的差异决定着原语文本与译入语文本只能做到相对的对等，即“动态对等（dynamic equivalence）；第三，考虑到了译文的可接受性。

当我们听到或读到古语时，当我们接收到其他人类语言的信息时，我们都在进行翻译行为。翻译活动的历史同语言的历史一样久远，无论在同一语言的内部还是在不同语言之间，“人类的交流就等同于翻译”（谭载喜 249）。

换句话说就是，翻译被视作是一种交流的行为。语言内部的翻译指在同一种语言中的翻译，例如方言之间的翻译，古代语言和现代语言之间的翻译。语言之间的翻译之地是不同语言之间的翻译。在历史上有无数关于翻译是什么的解释，但是就翻译的本质来说主要有以下四种模式：传统的，文学的，语言学的和科技的。

第一种传统模式的翻译定义可以在字典和百科全书中发现。例如汉语的《辞海》把翻译定义为“用另外一种语言来表达一种语言的意义”。在牛津字典中翻译被定义为把一种语言的语义（词、句子、演说、书、诗歌等）用另一种语言表达。这样的定义很容易理解也很容易被大众所接受，但是他们有两个缺点：

第一，他们只指出了语言之间的翻译，然而却没有包含语言内部的翻译和不同符号系统之间的翻译（例如书面符号与非书面符号之间的翻译）。

第二，说翻译是“用另外一种语言来表达一种语言的意义”容易被理解成目标语文本和原语言文本的意义是一样的，这样的命题似乎太宽泛了。事实上语言的转换并不像照镜子一样，他一方面是由原语言中各种各样的词法和句法表达方式所决定，另一方面是由翻译者的风格和喜好所决定的。因此翻译是一个非常复杂的过程，它包括许多方面：译者、作者、读者、原语言、目标语言等等。我们不能远离语境来谈“意义”。总而言之，传统的翻译定义太过广泛。

第二种定义翻译的模式把翻译视作文学再创作的一种方式，他要求目标语文本要与原语言文本具有相同的文学效果。用矛盾的话来说就是，文学翻译就是在另外一种语言中体现原语言的艺术意义，让目标与读者可以体会到同原语言读者相同的启发、热情和美学感受。在艺术翻译理论家看来，翻译是艺术的现实，是对源文本富有创造性的再创作。文学文本要进行变化以适应艺术表达的唯一性。

第三种定义翻译的模式是语言学模式，相对来说形成地比较晚。这种模式的特点是把话语从语言中分离出来，这种观点认为翻译包括话语行为的转换而不是语言系统的转换。英国著名翻译理论家卡特福德认为，翻译的定义也许可以这样说：把一种语言中的篇章材料用另一种语言中的篇章材料加以代替。巴尔胡达罗夫认为，翻译是把一种语言的言语产物在保持内容方面（也就是意义）不变的情况下改变为另外一种语言的言语产物的过程。这两个定义的相通点基于语言和言语之间的区别，也就是语言作为系统和语言作为行为之间的区别。译者在翻译过程中受到作者、目标语和原语言读者、语言发生的真实场景以及两种语言文化、社会和历史背景的限制。

图表显示的是制约翻译活动的各种语言学因素，从图中我们可以看出各种因素相互制约，相互影响。

9.The truth (the fxts of the matter)

1.SL writer

2.SL norms

3.SL culture

4.SL setting and tradition

TEXT

5. TL rclationship

6.TL norms

7.TL culture

8.TL setting and tradition

10.Translator

第四种定义翻译的模式是从目的论角度出发，其认为翻译是交流的过程。翻译的目标是把源知识传递给外语读者。翻译科学认为翻译是语言形成的过程，在此过程中译者通过一系列语码转换过程，在目标语中制造信息，使其可以被目标语接收者所接受。

不同的翻译学家在阐释“翻译”这个概念时，往往因角度不同而有着不尽相同的结果。翻译活动涉及的领域十分广阔，翻译的形式也多种多样，但是人们对翻译的目的和翻译木质的认识却是一致的。

费奥多罗夫认为，“翻译”一词包含两方面的意思：一是指将原语的言语产物（文本或口头表述）通过再创造用译语表达出来的心理过程；二是指该过程的结果，即用译语表达出来的新的言语产物。

巴尔胡达罗夫在《语言与翻译》一书中给翻译下了一条语言学定义：“翻译是把一种语言的言语产物在保持内容方面，也就是意义不变的情况下改变为另一种语言的言语产物的过程”。（巴尔胡达罗夫著，蔡毅等编译，1985：4）

从巴尔胡达罗夫的定义中我们可以看出，译者要处理的不是语言体系，而是言语产物，也就是话语。有些人在谈到不同语言中意义的差异时，总想用此来证明用译语的手段传达原语的意义是不可能的，他们往往引用个别的词，充其量不过是脱离上下文的一些孤立的句子在语义上不相符的例子。

应当指出，对于翻译来说，重要的不是个别的词，甚至不是孤立的句子，而是原文的整个话语同译文整个话语在意义上等值。描述新知的、陌生的环境是任何一种语言都不可少的特征，正是由于语言有这种特征，才有可能用另外一种语言的手段传达某个民族和某个国家所特有的而其他民族和其他国家生活中所没有的环境。（巴尔胡达罗夫著，蔡毅等编译，1985：7）

科米萨罗夫也从跨语言交际角度入手指出，翻译是人类通过语言手段进行交际的一个特殊情况，是交际者利用不同语言系统进行言语活动的特殊形式。翻译的最大特点是交际过程中有两种语言参与，即具有“双语性”。

科米萨罗夫认为，翻译实质上不是译者的言语（书面的或口头的）行为，而是复杂的跨语言交际行为。它是两个不同语言的言语产物在交际过程中的统一，从而表达相同的内容。换言之，翻译是三个言语行为的综合：借助原语创造原作的交际行为、借助译语创造译文的交际行为和使用不同言语产物实现统一（交际等值）的行为。（转引杨仕章，2006：18）

什维策尔从跨语言交际角度出发，认为翻译是一种跨语言交际活动。不过，跨语言交际有两个类别：一是直接跨语言交际，另一个是间接跨语言交际，翻译属于后者。然而，除了翻译，间接跨语言交际还包括外语文本的摘要、简介、复述、改写以及根据原作主题进行的再创作等形式。翻译不同于这些形式的地方有两点：（1）翻译是在另一语言环境和文化环境中代替原作；（2）译作不是独立的、第一性的，而是第二性的。他给翻译做了如下定义：

翻译是一个单向的、由两个阶段构成的跨语言和跨文化交际过程，是在对第一性文本进行有目的的分析的基础上创造能在另一语言和文化环境中代替第一性文本的第二性文本。什维策尔认为，翻译是一个以传达第一性文本的交际效果为目的的过程，这一目的由于两种语言、两种文化、和两种交际情境的不同而部分地发生变化。（转引杨仕章，2006：17）

翻译作为一种语言中介，其目的是保障操不同语言的人达成沟通，实现跨语言交际。译者在翻译中除了要结合上述语境的各种功能，还要考虑另外一个有益的因素——原作语境和译作语境。可以肯定的是，在寻找对应形式的过程中，所运用的语境越广，越有利于找到对应形式。这一点是反驳不可译性的最有力的证据。不可译性常常不顾语境，不顾功能，借口个别原因夸大不可译性。然而，对译者来说，语境和整体是选择最佳对应形式的基础，它们为译者的创作提供了可能。

2.1.2 翻译的原则和过程

2.1.2.1 翻译的原则

翻译标准是长期以来各派争论的焦点之一，在这个问题上可以说是各抒己见，百家争鸣。早在汉朝和唐朝，就有“文”与“质”之争。主张“文”的一派强调翻译的修辞和通顺，即翻译的可读性。主张“质”的一派则强调翻译的不增不减，强调翻译的忠实性。这实际上是意译与直译之争。然而，“文”与“质”作为翻译标准都是片面的。

我们今天所使用的翻译标准“信达雅”是由严复在1898年提出，经众多翻译理论家精心加工，融中国译者集体智慧于一炉的基本标准。他在翻译了《天演论》之后对翻译进行了总结，认为优秀的译文应该做到“信”“达”“雅”，即忠实于原著，译文流畅，文字典雅。严复说：“译事三难：信、达、雅。求其信已大难矣！顾信矣不达，虽译尤不译也，则达尚焉。”（曹文学，1994：81）郁达夫说“译必称信达雅”。翻译中的“信”应当包括三方面的内容：确切完各地表达原作的内容，确切完各地表达作者的思想感情，确切完各地表达原作的风格；“达”就是规范化的现代语言，“雅”是“信”和“达”的高度辩证统一。其中“信”，是第一位的，“达”，是第二位的。三者是不可分割的相辅相成的辩证统一体。

但是他本人的译文过于强调“信”，即忠实于原文，从整个译文来看既不“达”，也不“雅”。其实，他本人在翻译时并没有遵循“信”“达”“雅”这一原则。他的译文读起来即不通又不顺。当然，后人对严复的“雅”字有着异议，认为文字典雅的原文理应把它译得文字典雅，如果把文字并不典雅的原文硬是处理成典雅的译文，这同“信”是背道而驰的。比如美国文学作品中黑人的讲话大多不规范，如果把这样的文字译得极其典雅优美，虽然从文学角度上讲达到了美，但从翻译角度讲却没有做到忠实于原文，也不能准确反映原文的真实目的。如果汉语译文把美国黑人的语言描绘得如此优美，那么就根本看不出他们没有受过良好教育和社会地位的低下。于是，后来的翻译理论家们给严复的“雅”换入了新的内容：保持原文的风格。原文雅，译文也就雅；原文不雅，译文也不雅。

1932 年，林语堂提出了翻译的三个标准，即“忠实标准”“通顺标准”“美好标准”。他的关于翻译的三重标准与严复的翻译三标准大体一致。

1951 年，傅雷提出了文学翻译的“传神”论，认为翻译的最低标准是译文同原文在内容上一致，也叫“意似”；翻译的高标准是译文同原文在形式上和精神上同时一致，也叫“形似”和“神似”。但由于文化的差别，“形似”和“神似”在翻译中很难同时兼顾。当发生矛盾时，译者一般侧重“形似”，舍弃“神似”，而“神似”则比“形似”更能突出主题、渲染气氛。因此，当“神似”和“形似”不能兼顾时，我们应大胆地摆脱原文形式，追求译文与原文的“神似”。

1964年，钱钟书先生提出了翻译的“化境”之说，认为文学翻译的最高标准是“化”。把作品从一国文字转变成另一国文字，既能不因语文习惯的差异而露出生硬牵强的痕迹，又能完全保存原有的风味，那就算得入于化境。“化境”之说是对“传神”论的进一步发展。所谓“化境”，就是原作向译文的文字形式虽然换了，而原文的思想、感情、风格、神韵都原原本本地化到了译文的境界里了，丝毫不留下翻译的痕迹，读译作就完全像在读原作。

1979年，刘重德教授把翻译原则概括为“信、达、切”三个字，即保全原文意义、译文通顺易懂、切合原文风格。

18世纪末，英国著名学者泰特勒提出了翻译中的三项基本原则：一、译文应完全复写出原作的思想（相当于“信”）；二、译文的风格和笔调应与原文的性质相同（相当于“雅”）；三、译文应和原作同样流畅（相当于“达”）。

美国翻译理论家奈达提出了“功能对等论”，它包括“动态对等”（dynamic equivalence）和“形式对等”（formal equivalence）论。“对等论”强调读者反应，也就是译文读者对译文所产生的反应与原文读者对原文所做出的反应基本一致。这里的“对等”不是绝对的，“对等”确有等同的意思，也就是“相当于”之意。“对等”虽无“丝丝入扣”的精确，但毕竟强调的是尽可能地与原文“对上”，不是形式对等，便是动态对等，即功能对等。笔者赞同国内少数学者的观点，将奈达的“dynamic equivalence”和“formal equivalence”译成“力度相当”和“形式相当”更为贴切。

英语翻译涉及到很多文化因素，因为东西方文化存在着很多差异，在翻译时必须视具体情况，采取不同的标准。就东西方文化差异而言，一般来说有四个方面：完全一致、部分一致、文化冲突和文化空白。完全一致说明汉英文化具有共性，在翻译时采取直译，即忠实于原文，做到“信”，例如“Strike the iron while it is hot.”（趁热打铁），“More haste, less speed.”（欲速则不达）。部分一致说明在汉英文化中有一致的地方，也有不一致的地方，在翻译时可以抓住一致的部分，利用意译或直译加注等方法把不一致的东西化为一致。例如“汉语中的牛饮”要翻译成“drink like a fish”，不能翻译成“drink like cow”。当出现文化冲突时，一定要特别谨慎，可以采取意译或意译加解释的方法解决，切不可字对字地翻译，不能使用直译法，否则会引起误解，甚至产生十分严重的后果。在商业品牌的翻译中经常遇到文化冲突现象，需要格外谨慎处理，处理不当会造成交际失败。例如“白象牌”不能译成“The White Elephant”，因为西方人认为大象是一种笨拙无用的东西。对于文化空缺的处理方法更要费一番心思。例如中文讲“班门弄斧”，英语国家几乎无人知道鲁班其人其事，这就构成了文化空缺，如果直译成“Show off ones proficiency with the axe before Lu Ban”，恐怕英美读者不知所云。因此可以考虑给中文的成语加注，译成“Display ones skill with an axe before Lu Ban, the master carpenter”，也可以意译为“Show off in the presence of an expert”，还可以用英文的对应表达法“Teach a fish how to swim”。对于文化空缺可以有三种处理方法：直译、意译、直译加注或意译加注。一般来说，原文对译文的读者来说清楚易懂，就可以采取直译方法，否则要采取意译方法。如果有必要加以说明时，比如原文作者有特别的讽刺、夸张等意义或某种特殊效果，可以作必要的说明；如果简单的直译或意译会使其丧失原味时，则可以在译文中加上注解。另外，商务英语翻译有不同于其他类型翻译的一面。

第一，商务英语讲究术语的准确性，必须专业地道。换句话说，必须使用商务语言或者行话。

第二，商务英语中有些词语的含义不同于在其他类型文本中的含义，往往具有特定文本中的特定含义，翻译时一定要注意。忠实原文、语言通顺、用词规范简练、信息传递等值准确是商务英语翻译所要遵循的基本标准。也就是说，奈达的动态对等论（力度相当）可以运用到英语翻译。

在俄罗斯语言翻译学中，有关翻译标准问题的专门讨论不多见。巴尔胡达罗夫在论述翻译单位时，指出正确选择翻译单位对评价译文质量非常重要。他认为，翻译单位有音位（字位）、词素、词、词组、句子、和文本等六个层面，必要和足够层面上的翻译是等值翻译，低于必要层面的翻译是死译，而高于足够层面的翻译是自由翻译。虽然自由翻译在整体上比死译更容易被人们所接受，但是在某些体裁（如公文、法律）的翻译中，也是不可取的。（巴尔胡达罗夫，1975：185）俄罗斯大多数学者是从对应、对等、或等值的角度来探讨翻译标准和译文评价这类问题。

拉特舍夫认为，译文应当达到的要求包括两个方面的等值：一是译文和原文的调节作用等值，即译文和原文在各自读者中引起的反应是一致的；二是译文和原文在语义结构上达到一定程度的一致。

科米萨罗夫认为，语言翻译学包括理论部分和规范部分。理论部分是描写性的，规范部分是规定性的。理论部分把翻译视为一种跨语言交际手段加以研究，认为翻译在客观上是可以被观察的一种现象，可以对它进行描写和解释。规范部分以理论研究为基础，提出一些实用性建议，以优化翻译过程，减轻译者劳动，提高翻译质量，确定译文评价和译员培养的方法。（杨仕章，2006：170）

无论是我国学者提出的“信达雅”标准，还是俄罗斯学者的“对应、对等、等值”标准，都是为了同一个目的，那就是，在不改变原文意思、风格的情况下，用译语将原文作者的思想传达给译语读者。

2.1.2.2　翻译的过程

翻译实践，无论是科技文献方内的翻译，还是文学作品的翻译，译者都会有共同的感受，也就是翻译不是一件容易的事。从接到翻译原文之时一直到最后给出自己的译文，这期间需要一个不断的理解、酝酿、思索和表达的过程。虽然译文的最后定稿所需的时间可能相对较短，但定稿之前的再三修改润色等却是需要数倍于定稿的时间的。

2.1.2.2.1　翻译过程概述

奈达在谈到翻译的过程时说：“翻译的过程主要有四步：一是对原文进行解码；一是把原文信息转化为译文信息；三是对译文进行编码；四是对译文进行检验。”奈达把本来复杂丰富的翻译过程简化成了近乎公式化的语言转化模式，但他并未回答译者对原文的解码有无重要影响，译者对原文信息转化为译文信息这个过程有无重要影响，以及译者对译文的编码有无重要影响这些问题，而这些问题无一不与译者有着密切的关系，并且这些问题都不可能在纯语言的层内解决，只能靠译者根据具体的情况能动地加以解决。

我们知道，翻译是运用语言的艺术，各种语言的同一深层结构在不同的文化中可以有不同的表层结构，同一表层结构在不同的文化语境中可以有不同的深层含义。这种表层结构和深层结构之间的非一一对应性决定了翻译过程的复杂性、灵活性和非模式性。正如斯内尔·霍恩比（Snell Hornby）所言，“译文是译者以读者的身份理解原文作者的意图，并将这些意图再创造地传递给另一种文化的读者群的语言表现；译者无论作为原文读者还是作为译文作者所起的作用都是积极的、创造性的。译者对翻译的操作过程绝不仅仅是被动地接受原文和纯客观地再现原文，而是在基本是原文的前提下创造性地再现原文”。因此本文将从译者的主体性出发，阐述译者在翻译过程中对翻译文本的选择、理解和译文的表达。

翻译是两种语言文化的理解和表达功夫。语言文化功夫越深，理解越准确，但除了理解之外还有个表达的问题，如果在两种语言的写作上没下过功夫，恐怕也难以完成翻译的任务。对翻译原作的理解是一种功夫，在翻译中的表达又是另一种功夫，二者有密切关系，但谁也不能代替谁。这两种功夫哪里来?

杨自俭先生告诉我们它们来自于两种语言的四种训练，即理解训练、母语写作训练、外语写作训练、翻译训练。这四种训练和理论研究都是差别极大的，所以从事翻译实践多的人没功夫读理论书，没功夫研究理论问题，这不是错误，但这是一个不足。反过来说，从事理论研究多的人没功夫做翻译实践，或做翻译实践不多，也不是错误，但也是一个不足。

二者的存在是一种互补关系，而不是一种相互否定的对立关系。作为英语语言文学专业中选择了翻译方向的学生们，实在是在两个方内都还缺乏得很。套用杨先生的话，这也不是错误，但它是一个不足，而且是摆在我们面前的一个事实。我们应该敢于并勇于承认，自己在很多方面还很无知。在承认无知的同时，还要一点一滴地争分夺秒地学习。

2.1.2.2.2　翻译过程中翻译文本的选择

谢大振在《译介学》中提出“创造性叛逆”的命题，其实也正是对译者主体性的认可和论证。不妨引用查明建，田雨为译者主体性所作的界定：“译者主体性指作为翻译主体的译者在尊重翻译对象的前提下，为实现翻译目的而在翻译活动中表现出的主观能动性，其基本特征是翻译主体自觉的文化意识、人文品格和文化、审美创造性。”

从一定意义上来说，译者的主观能动性在译者动笔翻译之前就已开始发挥作用了。在这个阶段，译者的主体性主要体现在对翻译文本的选择、翻译的文化目的以及翻译策略的确定等方面选择。适当的翻译文本是译者开始翻译活动的前提。一般来说，译者通过自己阅读或他人的推荐、评价等途径，构成对原作的初步印象。然后，译者会自觉地调动自己的文化意识、鉴赏能力、审美情趣等已有知识结构，对这一印象进行初步的评价与批评。当这一印象与译者的知识体系相近或吻合的时候，译者多表现为对原作文本的肯定与接受。反之，则表现出对文本的否定与排斥。可见，选择什么样的文本来翻译，多是译者根据自己个人的喜好而定，体现出了译者强烈的主体意识。并且，文本选择得当也有利于译者主体性的发挥，使译者的风格自然地融于原作者的风格之中，从而产生成功的译作。

翻译的文化目的也是译者在动笔翻译之前，主观上已确认了的。翻译不仅仅是语言符号的转换，更是文化内涵的交流与碰撞，而译者正是这一交流与碰撞的倡导者和实施者。从文化层面上来说，翻译的根本目的是借助翻译文本为译入语提供新的话语，支持或颠覆其主流地位。也就是说，译者在文化目的上不外乎有两种选择：一是引入外域文化来论证、坚固本土文化的主体地位；二是引入外域文化来挑战、质疑本土文化的正统地位。译者的选择取决于他对两种文化的感知和认知程度，这也是其主体性的重要体现。翻译的文化目的在很大程度上影响着翻译策略的确定。基于宣扬本土文化的目的，自然会使译者在翻译中凸显出本土文化的优势，因而多采用归化、意译的手法；而基于挑战本土文化的目的则会使译者张扬异域文化的风格，因而多采用异化、直译等手段。另外，译者的读者意识，也是影响翻译策略确定的重要因素。在读者对异域文化认识的初级阶段，译者要更多地借助于本土文化来传播、介绍异域文化的内涵；而当读者对异域文化有了一定的认识后，其审美期待也必将随之提高，此时如再过多依赖本土文化，就显得有些幼稚或不合时宜了。

2.1.2.2.3　翻译过程中对文本的理解

在确定了翻译文本之后，译者开始了对文本的详细解读。此时，作为一名能动的读者，译者不仅要运用自己的语言能力对原作的语言符号代码进行“破译”，更要积极调动自己的情感、意志、审美、想象等文学能力对符号之下和符号之外的内容进行挖掘，发挥自己的文学同情心，与文本对话，与作者对话，找出原作者“内心的声音”。当然，这个声音只能是译者自己听到的声音，而不同的译者，由于语言能力、文学素养等的差异，听到的声音也就不尽相同，甚至错听、误听的现象也时有发生，以致造成对原文和原作者的叛逆。在理解阶段，译者的主观努力只停留在解读这一层内，他还自觉不自觉地充当了一名挑剔的批评家，对作品、对自己解读的内容进行着一定的诠释和鉴赏。他会运用自己早已存在的知识体系、价值评判体系和审美体系，来挖掘作品的思想内涵与美学意蕴，来分析作品的文学价值和社会意义，并以此对自己解读的内容进行增减、处理、调整与定位，使之更符合自己认定的认知体系与审美期待。越是思想内涵深刻、美学意蕴丰富的作品，越是能为译者提供较大的解读与鉴赏空间，越容易产生形形色色的译本，也就越有价值与魅力。因此，在理解阶段结束时，译者所看到的已不再是作者的原作，而是掺杂了译者的诸多主观意愿、经过了一系列加工改造之后的半成品，就是“译者的原作”了。

好的翻译不但要传意，还要传情，更要传神。要做到传神，没有译者的主观创造性是绝对不可能的，因为原文的“神”不是仅靠理解原文的表面意义就能传达出来的，而要靠译者自身的综合文化素质去理解原文的深层意义后才能传达出来。“传神论”的倡导者，我国著名翻译家傅雷先生就曾说过：“译事虽近舌人，要以艺术修养为根本：无敏感之心灵，无热烈之同情，无适当之鉴赏能力，无相当之社会经验，无充分之常识，势难彻底理解原作。即或理解，亦未必能深切领悟。”译者的层次有差别，译文的层次也自然有差别，我们经常所说的“一千个译者就会有一千个哈姆雷特”就是这个道理。因此，译者在理解阶段所必须做的准备就有很多了。为了在翻译中传神并渐臻化境，译者除了用心学习翻译理论知识之外，还应努力提高自己的艺术修养。

2.1.2.2.4　翻译过程中译文的表达

经过对原作的解读和理解，译者已将“作者的原作”转换成了“译者的原作”。但正如上文所说，这一版本还只是个“半成品”，是一系列未表明的“意识”。表达阶段的艰巨任务就是将这种“意识”转化为译者个人认可并为目的语读者接受的语言。这一转化是一个质的飞跃，是译者最大限度地发挥其主观能动性的过程。译者的双语能力不可避免地将在这一阶段发挥作用。语言的转换绝非机械的对译，语言本身灵活多变的特点以及两种语言的差异为译者提供了一定的灵活选择的空间，这种选择结果的质量如何，则完全取决于译者的双语能力，尤其是目的语的造诣。其次，译者的双语文化意识也自觉地卷入到了这一过程。语言符号所蕴含的文化信息是最难翻译的内容，译者必须通过自身对两种文化的理解、感悟、对比、分析与掌握，通过自身文学素养的发挥，来把握文学与文化，尤其是目的语文学与文化的最新发展趋势与特点，以此来引导自己的翻译活动。

实际上，表达阶段是翻译过程的关键，是最终决定译作优劣的关键。在这个阶段，译者结合一定的语境对自己的翻译成品进行美学方面的自省，并最终及时对译作进行修改润色，力争使其完美，使翻译工作不仅显现出科学性的一面，更绽放出艺术美的光彩。

翻译既是一门科学，又是一门艺术。在翻译实践中译者应尽最大可能地追求作者的完美统一。不管是在翻译的文本选择和理解阶段，还是在译文的表达阶段，译者必须付出艰辛的努力，力争做足准备。为此，译者应该在加强翻译技巧训练以及语言文化习得的同时，努力提高自己的翻译理论水平，充实自己对翻译作品的审美经验。在不同的语境和文化背景中，充分考虑原文作者的意图和情感，以及译文读者的需要和喜好，综合运用各种翻译原则。为了达成最好的翻译，在翻译的准备过程中，积累再多都不为过。

第二节　语境的本质

2.2.1　语境的定义与分类

2.2.1.1　语境的定义

虽然中国社会科学院语言研究所编纂的颇具权威性的《现代汉语词典》并没有将“语境”视为常用词语收录在典，但“语境”一词早已经成为现代语言学领域中经常提到的高频词。然而，既使在语言学领域中，“语境”这一常用术语也只是有名无份，没有一个确切的定义。

“语境”究竟是什么？目前学术界对它的解释和使用相当灵活，随意性很大。在对该术语的诸多解释中有两种最具代表性：一、语境是指英语 context 的对译词，即“上下文”；二、语境相当于英语中的 communicative situation，即“交际情境”。

《简明语言学词典》对以上两种说法的处理方式是兼收并纳：“语境”有两种：（一）上下文，就是词语或句子所存在的具体文章、讲话。（二）一篇文章或讲话所处的条件，诸如时间，地点、场合、交际内容和对象等。该词典还特别作了如下补充：“有的语言学家把‘上下文’称为‘小语境’，把一篇文章或讲话所处的条件称为‘大语境’。上述两种解释当然不无道理，但将其作为“语境”的术语性定义就未免欠妥。”

其主要问题在于：前一种解释仅仅强调了话语所处的篇章或语段，后一种解释则只是强调篇章或语段所存在的条件。似乎前者只是词句相对于篇章、段落而言，与其他条件无关；后者只是篇章、段落相对于语言以外的条件而言，与组成篇章、段落的词句无关。两者显然相互排斥，缺少统一点，即 “语境” 要么是前者，要么是后者，两者不可兼得。既然两者仅仅存在大、小之别，都可称作“语境”，那么两者在根本上就应当存在着统一点。缺少统一点的定义不仅不能使人对“语境”形成根本性的认识，还会使“语境”的所指意义模糊不清、所指范围界限不明，歧义就难以避免了。

为了便于对语境作进一步的探讨，看来有必要首先重新界定“语境”，从根本上消除“语境”所指意义的模糊比，使我们对“语境”的所指范围有更明确的认识。

语境，顾名思义，是指语言环境。

语境与话语（口头或书面表达的语言实例）有着密不可分的联系。话语总是存在于一定的语境之中的。只要有话语就必然有其存在的语境。任何脱离语境的话语或没有话语的语境都是不存在的。话语与语境之间的关系是：话语是决定语境存在的前提因素；语境是决定话语存在的条件因素。

我们知道，任何话语都是由一定的人在一定的时间和空间借助于一定的音、形符号系统加入实现的。而这里所说的“一定的人”“一定的时间和空间”以及“一定的音、形符号系统”就是话语存在所必须具备的三个条件。这三个条件实际所代表的是决定话语存在的三个方面的因素：

一、与人有关的社会因素；

二、与时间和空间有关的自然因素；

三、与音、形符号系统有关的语言因素。

一旦缺少其中任何一种因素，话语就不可能存在；一旦其中任何一种因素发生变化，话语的存在方式或形态就会随之发生变化。

既然语境是话语存在的条件，而话语存在的条件又实际上是社会、自然、语言等同时存在，缺一不可的三个方面的因素的总和，那么我们就可以这样地界定“语境”：语境是指决定话语存在的各种因素的总和。

2.2.1.2 语境的分类

学术界对语境的分类做过比较多的探讨，在以往的研究中也曾做过归纳。有角度不同的分类：着眼于构成，分为客观因素、主观因素和临时主观因素；着眼于功能，分为外显性和内隐性两类，或内部语境和外部语境两类，还有分出自足与不自足的及多余语境几类的；着眼于稳定，分为稳态语境和动态语境等等。也有不少进行层次的分类，分出二个、四个不等的层次，再做下面细致的分类。除此之外，语言语境、非语言语境，狭义语境、广义语境，大语境、小语境，直接语境、间接语境，上下文语境、情境语境，真实语境、虚拟语境，明语境、隐晦语境，语言的知识、非语言的知识等等术语，也都是在语境分类中出现过、使用过的。可见语境分类问题的现状是何等的不统一。

语境的分类与其他事物的分类一样，首先要确定分类的原则和标准。我们认为分类应遵循以下几点原则：

1. 普遍性原则。语境的分类首先要有普遍性。这指的是分类要着眼于完整的系统，将相对独立的语境系统中的各种语境构成因素都涵盖在内，几无遗漏。也就是说，上述各种语境的构成因素在理论上都应在这个分类中找到位置。当然，鉴于语境的动态性质，这种普遍性不是封闭的、僵化的，而应该是开放的、灵活的。如上所举的一些临时的、生成性的语境因素，也应在这个分类系统中得到体现。

2. 层次性原则。语境系统内部的各构成因素是按一定的层次有序地排列呈现着功能的。一般地说，从上下文语境，到时空语境，再到社会文化语境、认知背景语境等，语境的范围渐渐扩大，层次逐渐提高。语境的分类要能体现这种层次性。诚然，这种层次性也不宜用固定的眼光来看待，因为语境的层次是相对的，而且是交叉的、变动着的。

3. 简明性原则。分类还要尽量做到简明扼要。既要周全，又要简明，这是一对矛盾，然而，“科学性往往寓含于简洁性之中”。分类的繁琐与不同科学性有必然联系，对具体的操作会带来许多困难。这是应当避免的。

根据这几条原则，我们将语境分类如下：

首先，立足于语境同语言的关系，可以分出“言内语境”“言伴语境”和“言外语境”三种。言内语境又分为“句际语境”和“语篇语境”两种；言伴语境又分为“现场语境”和“伴随语境”两种；言外语境又分为“社会文化语境”和“认知背景语境”两种。还可以进行更细致的划分，例如：句际语境又可分为“前句、后句”或“上文、下文”等因素；语篇语境又可分为“段落语篇”等因素；现场语境又可分为“时间、地点、场合、境况、话题、事件、目的”等因素；伴随语境又可分为“情绪、体态、关系、媒介语体、风格以及各种临时语境”等因素；社会文化语境又可分为“社会心理、时代环境、思维方式、民族习俗、文化传统”等因素；认知背景语境又可分为“整个现实世界的百科知识、非现实的虚拟世界的知识”等因素。

这样，我们就把在语用交际中可能产生影响的语境因素编织成一个涵盖面广、结构有序、条理清晰、层次分明的系统网络。而且，从理论上说，这个系统还是呈开放性的。如前述语用主体的心情，可能作为临时性的语境因素起作用，在这个系统中，可纳入伴随语境中的“情绪”因素加以分析；话语的某种变量，如语码转换，是同交际目的相关的，以语体、风格的形态表现出来，在这个系统中，也属于伴随语境的范畴。其他临时性的语境因素，也都应该能在这个分类系统中找到相应的归宿。例如网上聊天这种方式日益成为青少年交流的手段，这种新的媒介影响着语用交际。因为网络的蔽障可以让人们想到啥就说啥，喜欢怎么说就怎么说，既可不讲作文的间架结构，也可不管语言的规范标准……。这种与传统语用不同的媒介体，可以视为新的语境因素，同样可以纳入上述分类系统之中，它属于伴随语境中的因素。

语境分类系统，不仅考虑了语境因素的普遍性，层次性也是非常强的。从最底层的“句际语境”到最上层的“认知背景语境”两极之间，是语境研究的广阔的空间地带。它们反映了语境的整体性疆域，也顺应了国际语言学界对语境研究的新趋势：“语境既是客观的场景，又是交际主体相互主观构建的背景。”从范畴上看，“言内语境”是语境与话语实体交叉的产物，在它之下，应该是话语实体本身；“认知背景语境”是语境与语用主体交叉的产物，在它之上，应该是语用主体本身，它们是语用学研究中两大要素的另外两大要素，都溢出了语境研究的范畴。而在语境研究的广阔空间里，不同类型的语境呈现出鲜明的层次性。从言内语境，到言伴语境，到言外语境，语境活动的形态从稳定性逐渐向动态性过渡，语境影响的方式慢慢由外显性向内隐性转移，语境呈现的性质从共同性渐渐向差异性发展，语境显示的功能也从制约性向生成性递增。

还可以再做一些说明。言内语境中不论是句际语境还是语篇语境，都具有相当的稳定性和共同性，它们对语用交际的影响呈现出较为明显的制约，而这种制约人们通常都共同遵守，因为它们的规则性较强。同时，它们对语用的影响和制约又是很容易把握的，因为它们显性在外，如前举例（2）。言外语境的各种因素则与言内语境的因素明显不同：它们的活动形态呈现出明显的动态性特征，对语用的影响方式也不例外，属于内隐式的，有时让人很难把握。由于这两方面的特征，差异性在它们上面表现得很突出。尤其是认知背景语境，实际上还可以分为“说写者持有的认知背景、听读者持有的认知背景、双方共同持有的认知背景”等几种状态。双方有共同的认知背景可以使交际成功，但很多时候经常出现差异的情况，这便是不同主体间的语境构建和生成的结果，如前举例（4）。在言内语境和言外语境这两极之间，言伴语境作为过渡地带。既表现出稳定性、外显性、共同性和制约性，又反映了动态性、内隐性、差异性和生成性的特征。相对而言，它内部的现场语境具有更多的稳定性、外显性、共同性和制约性，如前举例（1）。而伴随语境则带上较多的动态性、内隐性、差异性和生成性，如例（3）。

需要说明的是，伴随语境虽属于过渡性的层面，却很重要。如上所述，在具体的语用交际中，主体的一些特征、话语的某些变量和一些不定因素，都有可能成为临时性的语境因素，而对它们的归类，基本上都可以放在“伴随语境”之中。当然，要正确认识言伴语境的过渡性，这种过渡，反映在语境因素的性质、形态和方式等方面的特征，而非截然分开、泾渭分明的，而是渐变的，有时还存在交叉。若再将视野扩大一些，实际上从言内语境到言外语境这一广阔的地带都应该是如此逐渐演变的。

我们对语境的这种分类，还体现了其系统内的结构有序性，具有简洁明了的特点。在这个分类系统中，第一层面为两种语境，第一层面为六种语境，第二层面则尽量涵盖所有的语境构成因素（至少在理论上如此）。它是简明的，同时也是比较科学和有序的。一方面它较为周延，形成独立性较强的系统；另一方面，它又呈开放性，为继续深入研究预留了空间，还便于在具体的分析研究中操作运用。

2.2.2 语境的特征

在言语交际中，人们是通过话语表达某种意图的。但有时说话者的意图与言辞的表达在表面上没有直接的必要的联系。这也就是人们常说的“话里有话”“少弦外之音”“少言外之意”。听话者必须依靠语境补全话语字面以外的意义。离开语境就无法分析话语中的言外之意。言外之意与语境之间存在着辩证统一的关系：一方面，语境是恰当表达和准确理解言外之意所不可或缺的：另一方面，语境对言外之意的表达起制约作用，对言外之意的理解也有一定的解释作用。我们可以从包括言外之意的产生和理解在内的一个完整的言语交际过程来探讨语境所显现出的基本特征。语境在动态的言语交际过程中所表现出的基本特征，大致归为以下几个方面：

2.2.2.1　语境是在言语交际的过程中形成的

首先，语境总是和言语活动密切相关，围绕着一定的言语交际活动起作用。割断和言语交际的联系，空谈客观存在的社会环境、自然环境和交际主体的主观因素，就很难说得上是什么语境因素。正如刘焕辉先生所指出：“一切有可能形成语境的主客观因素，若失去了和言语交际的联系，便失去了充当语境的条件。”

其次，语境是建立在言语交际过程中的每一个具体的环境之上的。一个完整的言语交际过程由表达和理解两大部分组成，它们又分别由不同的具体环节所构成。

发话人产生了交际意图，有了表达的需要和交际的要求。接着，他要明确的是自己将要表达什么，即围绕一定的交际目的而确定一个恰当的话题中心。

接下来，发话人所要面对的是怎样表达自己的交际意图，怎样才能恰当地传递出自己已确定了的中心话题。话语中引入话题的方式大致有两种：直接引入和间接引入。发话人如何选择引入方式取决于他所受到的语境要素的影响。

最后，发话人需要以具体的语言形式为载体传递出自己的交际意图。即发话人要运用各种诸如语音的、词汇的、语法的、修辞的等语言手段，把自己的意图、话题内容以言外之意的话语形式表达出来。

含有言外之意话语的表达过程从交际意图的产生到话语形式的最后形成大致可以分为四个环节：取舍表述动机，确定交际目的，分析已知信息，设置话题。选择话题的引入方式包括直接或间接的，而确定具体的话语形式，包括选择词语、句式、修辞方法等。语境要素在每一个环节中都或多或少地产生着一定的作用和影响，但并不是任何言语交际过程的每一个环节都会受到同样的语境要素的影响。有时，这一环节受某些语境要素的影响大一些，有时另一环节又明显地受到另一些语境要素的影响。在同一言语过程中，对不同言语环节起直接作用的因素及其作用方式并不相同，而对不同言语过程中的相同言语环境起直接作用的因素往往会显现出一定的规律性。

2.2.2.2 语境的整体性

既然形成特定语境的要素和一定的言语形式的采用及其表达效果密切相关。那么其中各个要素之间也不是彼此孤立，互不相干的。而是围绕一定的言语活动相依相连，形成协调统一的整体。惟其如此，一定的语境才有其相对的独立完整性。围绕言语交际的中心话题形成相对完整的语境系统，对言语表达和理解起着协调的作用。

在某一特定的言语交际过程中，言语交际主体对各种客观因素的认识并不是孤立存在、独立起作用的，也是在一定的言语活动中互相关联，互为补充，协同一致地制约着言语形式的采用。而一定语境中的各种主观因素，更是和谐地统一于表达者的言语行为之中的。但另一方面，我们也应该认识到：在每个具体的言语环境中不同的语境因素，其作用和重要性也不可能是相同的，自然也有大小、主次的分别。有的制约作用是明显或直接的，而有些影响却是潜在的或是间接的。

2.2.2.3 语境的动态性

语境既然是在一定的言语交际过程中形成的。那么构成一定语境的各种要素就不是固定不变的，而是随着言语交际活动而转移并和一定的言语交际过程相始终的。当一个交际过程开始时，存在于交际双方的各种主观因素和对各种客观因素的认识，围绕一定的交际任务形成协调统一的语境，制约着交际双方对言语形式的采用和理解。而当这一交际任务已经完成，开始另一个思想内容的交流时，旧的过程也随之结束，代之以新的交际过程。这时构成语境的各种要素也随之发生变化，形成新的语境统一体。

言语交际过程是一个动态的过程。语境是相对于言语交际过程的具体环境而言的。各种语境要素在不同的环节中都具有其特定的交际任务。在同一言语交际过程中，语境始终是不断变化发展的。而同一过程中的各个环节之间是相互联系的。这种连续性制约着语境要素的变化和发展，使其不能割断与上一个言语环节的联系。相反，在语境要素的作用下，实现上一个环节而产生的结果往往会被交际主体内化成为制约实现后续环节的前提条件。

2.2.2.4　语境的可显映性

“显映”是语用学中的关联理论所提到的一个术语。为了能够描述交际时的认知状态，Sperber 和 Wilson 提出了“互为显映”的概念。有些学者也把它翻译为“相互明白”。一个事实或假设在某个时候对某人是显映的，当且仅当他在当时能够将这一事实或假设在大脑中形成心理表征并且承认这一表征是真实的或可能是真实的。也就是说，显映就是可感知的或可推理的。本文中“显映”一词的含义与语用学中这个术语的意义本质上是相同的，指言语交际主体对客观存在的认识。即客观现实在言语交际主体头脑中的反映。

我们在说明制约言语表达和理解的语境要素时，必须从传统语境观所强调的客观现实本身转移到强调主观对客观的反映上来。这是因为：言语的表达和理解过程不是单纯的物理过程，而是复杂的心理过程。当我们说言语交际的时间、地点、前言后语等因素对表达和理解起影响和制约作用时，不意味着这些因素可以不通过交际主体的大脑直接起作用。相反，它们这些客观因素只有经过交际主体的大脑的反映，被主观化后，才能够参与到表达和理解的心理活动中来，真正成为语境因素。从唯物主义的反映论来看，主观映像有可能是对客观世界的歪曲。正确的映像为正确的表达和理解提供了前提条件，而错误的映像则必然导致表达和理解的失败。不同的交际主体对同一客观现实不可能做出完全相同的反映。如在每一环节所举的有关语境要素构成的例子时，与话题相关的客观因素都是经过发话人和受话人的认识和在其大脑中的显映后，才能对表达和理解产生作用和影响。

同时，我们也可以看到，由于交际主体对客观存在的反映是交际主体内在的心理认识的过程和结果，是在心理层面上进行的，交际双方无法彼此直接观察到对方言语行为的语境。而且每个交际主体自身也难以描绘出制约自己言语行为的语境。言语交际主体只能凭自觉感到它的存在，因而可显映这一特征又使语境以潜性的方式而存在，让人觉得难以把握。

2.2.2.5 语境的可建构性

语境的可建构性与语境的动态性特点是一脉相承的。我们研究语境的动态特征，就是把语境置于发展变化的言语交际过程中进行研究。交际过程也就是语境的建构过程。在话语的表达过程中，发话者不仅遵循一定的原则。使自己的言语交际符合相应的语境要素。而且还会利用各种语言和非语言手段为以下的言语交际创造一个适当的言语环境，以便更有效地达到自己的交际目的。

话语的理解过程同样也是一个语境要素的选择过程。受话人需要敏锐地捕捉相关因素，有效地调动自己已有的各种背景知识，选择与特定言语交际相关的语境要素，建构出相适应的言语环境，以便更快、更有效地理解话语，提高效率。

2.2.3 翻译中语境的作用与功能

2.2.3.1 语境的功能

语境是语言的一种客观属性。语言是人类社会所特有的一种信息系统，无论其产生、演变或发展，还是进行信息的传递、接收或加工，总是以一定的条件为前提受其影响和制约的。这种前提条件，就是语境——语言环境。

人们运用语言交流思想，传递信息，总是在一定的语境中进行的，总得以一定的语境作为依靠。语境的构成要素有诸如：社会环境，交际的时间、地点，交际者的身份和心态，交际所形成的氛围，语言符号排列的前言后语，交际的话题、交际的参与者（相互关系、对客观世界的认识和信念、过去的经验、当时的情绪等）以及上下文等。

语境直接影响着人们对话语的理解和使用。如果交际双方对语境有足够的了解，能恰当地加以利用，信息就会畅通无阻，信息就能准确传递，交际也就达到预期目的取得成功。如果交际双方或一方缺乏语境知识，或者利用不当，信息传递就会达不到要传达的目的，造成交际的失败。因此，语境是人们在交际中言语表达以及分析理解话语时所处的各种环境的总和。

英语有一句名言：Words do not have meaning. People have meaning for them.（词语本无意义，人们为其定义。）

美国社会学家拉波夫说："在语言的社会环境中研究语言。"全球化的潮流使得对原语文化的理解从准确性，透彻性及全面性等方面提出了很高的要求。从微观上要细致到句法和词法，还要从宏观上把握原语语言的社会，文化及不同的学科背景。

2.2.3.1.1　语境的制约和解释功能

在表达方面，语境对词语、句子的本身意义、具体意义的附加意义具有制约的作用，在理解方面语境对存在的歧义、蕴含的丰富信息，具有解释作用。语境的解释功能是指语境能帮助人们对各种复杂的语言现象和言语现象做出正确的理解。语境的制约功能，有助于英语多义词的意义界定。

例 1：Dress 通常作为动词指穿衣，作为名词指女装的连衣裙，但在以下语境中意思完全不同，须根据语境加以甄别。

如：It' s quite a small cut really. I' ll just clean and dress it. We needn' t bother about stitches. 这只是一个小伤口，我将清创包扎。我们不必缝合。在影视作品中我们会听到：Soldiers, dress right! 士兵们，向右看齐！另外 He dressed the salad with oil and vinegar. 他用油和醋调拌色拉。

国际翻译界的著名学者 S. Bassnett 曾指出，原语中意义是符号指称与意义之间的规约关系来确定的，这种规约关系并不能完全直接对应到译入语中的。指称与意义的关系中，直接对等的翻译显然是不符合中文的词语搭配习惯。好在语境对词语、句子的本身意义、具体意义的附加意义具有制约的作用，它的解释功能帮助译者在译入语的选词造句上做到既能表达原文作者的意思，同时又符合译入语的语篇与文化规范，即达到目的论中的语内连贯和语际连贯。充分利用语境对词义的制约功能，筛选恰当的译语词汇使读者能了解原语的意思。

例 2：Spillover effect of foreign direct investment 指的是外来直接投资的溢出效应。Spillover effect 翻译成“溢出效应”，恐怕对普通读者来说不甚了解，翻译成“间接影响”，可以说翻译的同时已经将意思解释清楚了。再比如：Green field venture 如果翻成“绿地企业”就不妥，译成“新建企业”，即便是普通读者也能明了。

社交语境能将具体的意义解释为抽象的意义，现代英语常用表示具体形象的词指代一种属性，一种概念或一个事物，许多词语有丰富的意义。有些需要对原语的思维习惯和文化背景进行分析和判断，将表示具体形象的词作概括性的延伸，译为意义抽象的词。翻译时就必须依靠和利用语境所提供的信息进行思辨和推理，从而获得说话人意图传达的全部信息。

例 3：Japanese prime ministers tend to have short shelf life and a weak brand image. 译文：日本历届首相往往是上台不久就下台，而且品牌形象也欠佳。

在本句中用了商业词拿 shelf 作比喻，shelf life 是商品货架期，即商品摆在货架上出售的最长期限。如果译成首相的货架期很短是不符合中文译入语的表达习惯的，此处指的是首相的任期。

语境的功能，可以排除汉译英时的歧义，汉语中有些词的意义涵盖的范围较宽，也常常出现同一汉语词汇需要用不同的英语词汇才能表达的情况，语境的制约和解释功能对汉译英过程中英语词汇和表达方式的正确选择发挥了极大作用。

例 4：中文中的“认定”一词在不同的语境中的内涵不同，必须选取正确的英文表达法，否则极易产生歧义。当中华人民共和国公司登记管理条例中提到对公司营业执照的真伪的认定时，应当用英语中的相应表达法 to verify the authenticity of the business license，而我国的增值税暂行条例中对小规模纳税人的认定一词，则应当用英文中的 identify 才能正确表达词义。

例 5：与汉语中“责任，义务”相对应的英语词汇有 obligation，duty，liability，responsibility 等，但在不同语境下应当用不同的英语词汇。如果要表达保险单中的“被保险人的义务”则译为“Duty of the insure”，当责任指的是每日的工作职责时也应当用 Duty，当我们指机动车的第三者责任时应译为“The third party liability”，民事责任译为“Civil liability”，当我们说每个人都有法律义务向税务局提供自己的收入详情时，英文可译为 Everyone has a legal obligation to provide the tax office with details of their earnings.

2.2.3.1.2 暗示和引导的功能

在表达方面有些不直接把要说的话说出来，语用语境能帮助人们去领会其暗示的言外之意的功能。理解方面与社会心理、时代环境、民族风俗、思维方式等相关语用语境具有引导人们对话语做解释作用。这是从语言表现隐性意义的特点上来讲的，所谓深层意义即话语的深层意义，潜在意义而非话语表层意义。暗示功能是指一定的语用语境对话语的意义具有一种延伸和拓展其语义方面的作用。在交际中，人们常常不直接把要说的意思说出来，而是利用现场的语境和人们的认知背景，用其他话语间接地暗示出言外之意来。

表达者通过暗示的方法表达的意义，还需要接受者能够根据现场语境调动自己的认知背景，才能得出准确的信息。如果接受者不能充分根据现场语境的特点，或缺乏相应的认知背景，或者不能很好地调动其认知背景，表达者就会费力不讨好，达不到要表达的目的。

引导功能是指具体的语用语境对言语的解释具有一定引导作用。社会心理、时代环境、民族习俗、思维方式、文化传统等都能引导人们对话语做出解释，例如到饭馆用餐，顾客落座后，服务员让他点菜，又加上一句："你要不要饭？"就很可能让顾客不高兴，这是出于社会心理和文化传统等因素的引导，容易使顾客觉得受到侮辱。

例 6：However, you must remember that they are tools only, not "holy grails". 译文：然而，必须记住，它们仅仅是工具而已，不是"圣杯"。"holy grails"是耶稣在最后的晚餐使用的杯子或盘子，后来成为很多武士追寻的对象。就这么单纯地理解这个句子，以上的翻译仍然让人不太明白。但如果配合上下文的语境：Now, there are some good technical science tools on the market today. However, you must remember that they are tools only, not "holy grails". 我们就明白这句话的真实意义了：现今市场上确实有些技术交易工具，然而，你必须记住，它们仅仅是工具而已，而非是使你百战百胜的宝物。言下之意是现在许多买卖股票的人相信技术分析，市面上也开发了许多软件，号称能预测未来走势，其实并不可信，不能将其当作可依赖的工具，奉若神明，普通中国人大多不知道圣杯的含义，译者须根据语境译出字面意义没有表达的隐含意义。

2.2.3.1.3 创造和过滤的功能

从语言表现多重意义的特点看，在表达方面，语境能够解析出语言理性意义本身所负载丰富得多的信息；理解方面，语境对交际中话语的字面和字里的信息具有过滤的作用。所谓多重意义即语言中话语所传递的是多条信息，而非单一的信息。

创造功能与生成功能有相似的地方，都是生成了语言理性意义之外的意义。为了区别，我们将语境能产生多义或歧义的作用叫做创造的功能。有些辞格，如双关语的偏离意义就是依赖语境的创造功能形成的，通过主观意图、目的和动机引发对语境因素积极开发利用的修辞活动，而解析出语言理性意义本身所负载丰富得多的信息。

语言的接受者接收了有多义或歧义的话语后，一般都要依据语境对其多义进行筛选，对其歧义进行消解，然后做出准确的理解，这就是语境的过滤作用。此外，如双关，反语等辞格所表示的意义的确定，也需要利用语境的过滤功能。如双关语，往往同时有字面和字里的双重信息，但是如果接受者理解的背景不同就可能只能了解其表层的信息，而忽略了它实际的含义。

例 7：英国剑桥商务英语考试中级中有这么一个例子，标题 Another one bytes the dust，看到这个标题的人很难理解其真实的意义。标题下的内容是：A large computer hardware retailer positioned itself at the bottom end of the market by undercutting all its competitors. To attract customers, it even offered a 0% interest. Now, Pay One Year Later deal. People did buy, but unfortunately, serious cash flow problems forced the company into liquidation before customers repaid them.

译文如下：一家大型电脑硬件零售公司与其竞争对手竞相压价，将自己定位于低端市场。为了吸引顾客，它甚至还推出了不计利润的“今年购物，明年付钱”的服务项目。人们购买了他们的产品，但不幸的是，严重的现金流问题迫使公司未及还款就已经陷入清算。英文中没有 bytes the dust 的说法，只有短语 bite the dust 被打败，在这里，bite 一词被同音词 byte （字节）所替代，而 byte 是计算机专用术语，以此来暗指电脑公司的经营状况，标题译为“电脑公司，一败涂地”既合理又幽默。

例 8：另一则新闻标题 Cleaned Out，看到这个标题的人很难理解其真实意义。新闻内容是: Hoover offered any customer who spent at least ￡100 on its products two complimentary flights to Europe and the US. The offer attracted more than double the anticipated applications, leading to the dismissal of three senior managers and a bill for ￡19m.

中文译为：胡佛公司向所有至少购买价值 100 英镑产品的客户赠送两次到欧洲和美国的免费旅行。这一许诺吸引了超出预计两倍的人来申请，结果导致该公司的两名高层经理被解雇，公司为此付出 1900 万英镑的代价。在这里 Cleaned Out 是一个双关语：既可指“耗尽资产、钱则”，也可指“把不受欢迎的人赶走”，因此文中既指公司因营销手段不当而耗尽钱财，又指高层经理为此被解雇，因此标题译为“公司赔本，经理解聘”。

理解与表达是翻译实践中的永恒主题，根据语境的变化，对原语语言反复推敲，反复过滤和筛选，才能获得对原文的透彻了解。原文是不会有歧义的，但译文的误译却是常见的，译者是始终处于探索中的，语境的功能为译者的逻辑思维过程提供了极为有益的帮助，翻译的过程也是我们对概念进行判断推理的逻辑思维过程，如果没有语境的作用，那么认识只能停留于原语的语言表层，不可能深入追踪和理解词汇，句子，段落以及篇章之间的逻辑关系，如果没有对原文的正确理解，就更谈不上运用译入语的逻辑将原文的信息加以再现，语境的功能引导我们找到对原文的正确表述。

2.2.3.2　语境的作用

2.2.3.2.1　语境有助于理解语言模糊或歧义现象

2.2.3.2.1.1　消除语言的模糊性

模糊性是语言本身固有的属性，它存在于各界各民族，各语种之中。模糊性是指词语的所指范围边界的不确定的属性。这一属性常常导致语义模糊，须借助语境才能确定具体意义。例如：

A：How old is your new English teacher?

B：Younger than Mr. Liu.

回答者并没有自接作答，只有通过问话者和回答者所共知的语境。即 Mr. Liu 的年龄才能判断出新来的英语老师的年纪。再如：His food is not hot enough.

这个句子如果单从字面判断，它的意义是很模糊的。hot 指的是辣还是热？ hot 所指的程度又是多少？所有这些问题只有依据特定的语境才能够搞清楚。

2.2.3.2.1.2　排除歧义

人们使用的语言千变万化，词语的多义性以及句法结构上的一些原因，使语言不可避免地会产生歧义。歧义一般包括两种，词汇歧义和语法歧义。词汇歧义多由一词多义造成的。例如：

After taking the right turn at the intersection.

既可以理解成“在路口右转弯之后”也可以理解成“在路口沿正确的方向转弯之后”。所以只有在具体的语境中才能判断出它的准确含义。再看一个例子：

The man beats the dog with a stick.

这句话可以理解为“这个男人用棍子打狗”，也可以理解为“这个男人打了一条叼着棍子的狗”。究竟应该理解为哪种意思就要看具体的语境了。

2.2.3.2.2 语境可以确定指示语的所指

指示语是语用学的一个重要内容，是表示指示信息的词语。话语和语境之间的关系正是通过指示语而得以在语言结构上反映出来。话语的指示信息是理解和表达意思的关键。指示信息不清楚的话语往往是很难理解，甚至会误解，而指示信息的清楚与否关键在语境。正如何兆熊先生所说“指示词的理解依赖于语境，它的所指存在于语境之中”。只看单个句子，常常不能判定指示词（如英语中的 this，that，they，it，he，their 等）的所指。例如：

Please show me that coat.

这是地点指示语的手势用法，只有说话人在说话的同时配上非语言性语境因素——手势，才能使听话人确切知道到底指的是哪一件。

2.2.3.2.3 语境可以帮助确定语言形式表示的意义

句子意义来自句子本身各个组成部分的词汇意义和语法意义。而话语的意义则来自句子意义与语境的结合，即语用含义。它是语用学的重要内容之一。它给语言事实提供此重要的功能方面的解释。它不是从语言系统内部去研究语言本身表达的意义，而是狠抓语境研究话语的真正含义，解释话语的言外之意，弦外之音。要了解话语的真正意义，才能领悟其深层的隐示意义。例如：

A：Bob doesn' t seem to have gir1friend these days.

B：He' s been driving to Newcastle every weekend.

B 的回答在不同语境下可解释为：

（1）Bob 有女友在 Newcastle 他每周末都去看她。

（2）Bob 周末在 Newcastle 有许多应酬或消遣，不需要找女友。

（3）Bob 公务繁忙，无暇顾及找女友。

又如：Last night I heard him driving his pigs to market.

如果译为：昨夜他把猪赶到市场去。这只是表层含义令人费解，不知所云。但如果结合上下文，应为：昨夜我听见他鼾声如雷。

The house is pigsty.

如果这里的房子并不是真的猪圈，而是人的居所，那么这里的猪圈是指房子脏又乱的状况。

It' s cold here.

这句话如果是在室内说的，就可能产生“关窗”“开暖气”等含义。但如果是在野外说这句话，很可能是回家的含义。由此可见，某一话语在不同语境下表达不同的含义，这些含义随着语境的变化而变化。

2.2.3.2.4 语境有助于理解与文化有关的词语，消除文化差异导致的语义障碍

交际中有一个十分重要的问题制约着语言的使用。这就是语言的文化因素。由于不同语言使用者的民族心理，思辨和推理模式不同，信息传递过程中导致沟通障碍，甚至会发生误会。语境可以帮助我们了解词汇的文化内涵，了解异国的风俗文化。例如：

高高兴兴上班去，平平安安回家来。被译成“Go to work happily and carne back safely.” 以英语为母语的人就很难得到这句话的真实信息。这个标语的意图是祝愿司机小心驾驶，平安回家，所以翻译成 Good Luck! 就可以了。西方人对狗情有独钟，所以他们想表达某人很幸运的时候会说: You are a lucky dog. 而在汉语中与狗有关的词语大多带有贬义。再看一个例子：

The guy' s got a Midas touch.

如果听话人不知道 Midas touch 是什么，就很难弄懂这句话的含义。Midas touch 源于希腊故事，指的是希腊国王 Midas 的点金术。再结合社交语境推断出说话人的真正意图是说那人很会做生意。他无须花太大力气就能赚钱。另外，英汉两个民族由于在思辨方式的不同会导致他们在语言中产生不同的联想。例如我们会用“多如牛毛”来比喻事物量多，

而按照英国人的习惯，他们会说“as plentifu1 as blackberries” 像这样的例子还有很多：“as cool as cucumber”，“as dead as mutton”，“as stupid as a goose”。

语境的丰富内容决定了语境在语言学习中所具有的特有功能。语言形式的意义和用法都与语境有密切联系。因此，在英语教与学的过程中不能只死记语言规则和死背离开语境的孤立的句子，这样难以灵活运用语言、适应特定的语境。

第三章　语境中的翻译表现

语境，简单上讲，也就是语言运行的环境，在翻译过程中扮演着不可替代的作用。表面上来说，可以从两个方面理解语境，即语言内语境和语言外语境。译者要正确理解把握原文必须全面系统地考虑原文语境，不仅要仔细分析语言内语境，还要认真研究分析语言外语境。

语言内语境主要是指篇章中的内容，根据语言内语境可以确定词句在篇章中的意思。但有时仅考虑语言内语境，仍无法确定字词的确切含义，那么就要考虑语言外语境了。语言外语境主要指交际发生的背景，其客观存在的自然环境、人文环境。

这一部分由于潜移默化地存在于人们的意识中，不像语言内语境那么具体、可感，往往更难把握。现代语言学理论认为，翻译过程中涉及的不是抽象的语言体系，而是具体的话语。不同的时代，不同的社会环境，决定了语言环境的不同。

在翻译理论研究和翻译实践中涉及语境作用时，人们只注重语境对原语理解的影响，往往忽视语境对译语生成的制约作用。理解词语的具体含义，必须结合语言环境才能准确地掌握词语的具体所指，离开了语境，就没有言语活动，词语的翻译也就无从谈起。因此，在翻译过程中研究语境对词义的影响是非常重要的。英语有这样一种说法：Word is meaningless without context.（单词离开上下文就没有任何意义）。

第一节　语言内语境对翻译的影响

译者在理解原文时，首先要考虑语言内语境。内部环境就是“语言环境”（linguistic context），主要指语言系统内各个语言成分之间微观和宏观的搭配结构及上下文关系，包括词与词、句与句之间临时的或稳定的种种联系形式。我们从语音、词组、句子、段落、篇章这几个角度来解释语言内环境如何对翻译产生重大影响。

3.1.1　语音

3.1.1.1　音调

音调是经常应用于交流中的一种技巧，不同的音调通常表达不同的意思。基本上讲有三种音调：降调，升调和低升调（low rise tone）。每一种音调又都可以各自分为低降调和高降调、低升调和高升调、低低调和高低调（low fall and high fall, low rise and high rise, low low rise and high low rise）。音调的主要功能是表达说话人的内心情感、态度和意图。例如：

（1）Can you spare me/a minute?

你有时间吗？我想和你谈谈。

（2）Can you spare me a minute?

我可以离开一会吗？

再来看下面的例子：

（1）A：How did you get here?

B：I came on foot.

A：On foot, that' s incredible.

（2）A：Where' s Tony?

B：He' s gone home.

A：Gone home, surely not.

在上面两个对话中，A 对 B 话语的回答用的都是升调，表达了 A 对 B 话语一种不信任的态度。在对话（1）中，A 的回答表明 B 不可能步行来这，可能因为路程太远，或者 B 脚有残疾，不可能走这么远的路程。在对话（2）中，可能 A 刚刚见过托尼，所以认为他不可能回家，或者托尼不太喜欢自己的家，所以 A 说托尼绝不可能回家。

3.1.1.2　重音

重音包含词重音和句子重音。当重音放在不同的音节上时，词可能有不同的意思，句子也是如此，当重音放在不同的词上面时，句子的意思也可能不同。例如：'record（*n.*）记录，re'cord（*v.*）录音；the 'White House 白宫，the white 'house 白色的房子。

让我们来看下面的例子：

Tom likes that red flowers.

这是一个简单的陈述句，但是随着下述斜体重音标注的位置不同，句子的意思也会发生改变。

（1）***Tom*** likes that red flowers.

（表明是 Tom，而不是其他人，喜欢那些红色的花。）

（2）Tom ***likes*** that red flowers.

（表明 Tom 喜欢这些花，而不是不喜欢。）

（3）Tom likes ***that*** red flowers.

（表明 Tom 喜欢的是那些红色的花，而不是其他的花。）

（4）Tom likes that ***red*** flowers.

（表明调 Tom 喜欢的不是白色而是红色的花。）

（5）Tom likes that red ***flowers***.

（表明 Tom 不喜欢那些红色的花。）

3.1.1.3 停顿

停顿指我们说话时话语间小的间隔，包含情感停顿和结构停顿。情感停顿指“er”或“mm”之类的，而结构停顿是由句子结构引起的。停顿用来吸引听众的注意或加强表达效果。例如：当宣布体育比赛或选举的最终结果时，通常用停顿来强调结果的重要性。

（1）The prize has been won by—John. 获奖者是——约翰。

此外，一句话，如果读的时候停顿的位置不同，会有不同的解释，下面的例子很清晰地说明了这个问题：

（2）Tom says Mary is a fool.

这句话，如果读的时候停顿的位置不同，就会有两种不同的解释。

Tom says—Mary is a fool.

Tom—says Mary—is a fool.

第一句强调汤姆说的是—玛丽是个傻瓜。

第二句强调玛丽而不是别人是个傻瓜，这句话是由汤姆说的。

3.1.2 词

词作为文章的基本单位，词汇是充分理解文章的前提。词语的意义一般分为概念意义与内涵意义。前者是其本身原有的意义；后者则与其历史沿革有紧密关系，有时其含义经前人提炼、加工和创造变得较为固定并在语言实践中沿袭下来，成为被人们接受的一种情韵符号。

在翻译过程中，译者为了更好地传情达意，要仔细分析该词汇所出现的语境。离开语境孤立地看一个词，很难准确理解该词的真正含义。据统计，在《牛津高阶英汉双解词典》（第六版）中，heavy 一词就有几种解释。可想而知，如果脱离该词上下文的语境而只根据字典的解释来选择词义，就仿佛置身于词汇的海洋，虽然我们崇尚“学海无涯苦作舟”，但也只怕会有许多的译者望洋兴叹，不知所措了。例如：比如“play”其基本义是“好”，但在不同的语境中译法却不尽相同。

to play basketball 打篮球

to play football 踢足球

to play chess 下棋

to play the flute 吹笛子

to play a role 扮演角色

to play sick (dead) 装病（死）

to play truant 逃学

to play fair 光明正大地比赛

这里笔者选择的只是 play 一词众多搭配中的几个而已，但是从中我们已经能够看出该词丰富的内涵。如果译者只是照搬词典中所给出的概括的词义，是很难达到翻译的准确性的，甚至有时还会造成误译。由此看来，“词汇的意义不是由词典决定的，而是由语境及上下文决定的”。只有根据语境提供的具体信息，才能筛选出该词最恰当的含义。接下来就语境制约词义生成诸方面因素进行分析。

3.1.2.1　多词一义与一词多义

这里的多词一义我们指同义词或者近义词。同义词是指某种词汇系统中词汇意义相同、语法功能一致，而在语音、词素或者部分词素上呈现出差异的一组词。同义词在不同民族文化中往往有不同的内涵。一组同义词，它们的词义相近，但用法可能不同，因为不同的词语有不同的搭配对象，又有不同的表意对象、不同的指称对象。如汉语里表示人出生的日子的词语有：生日、诞辰（多用于所尊敬的人）、寿辰（一般用于中年人或老年人）、寿诞（与寿辰相同）、华诞（敬辞，称人的生日）、大寿（多用于老年人）等，若将这些词译成英语，用一个单词 birthday 就可以了。

区分同义词的细微差别，应着重对其不同的部分进行深入比较、辨析，确认其异在何处，最后就可根据语境，确认应选词义。以英语动词 complete 和 finish 为例，请看例句：

（1）Have you completed [finished] your work yet?

你的工作做完了吗?

（2）The house will soon be completed [finished].

这房子不久就要完工了。

这两个动词都有“完成”的意思，在许多情况下可以互换，但二者的细微区别如下：finish 是一般用语，通常用于完成日常活动；而 complete 是比较正式的用语，常用于完成某项任务和预订的工程、建设等。一词多义是指同一词汇在不同的语境中所产生的外延意义。多义词的具体词义生成，要靠具体的语境来确定。具体语境包括语言使用者、交际发生的时间与地点、文化背景、学科领域等诸多因素。多义词是指同一词汇在诸多因素之差异的影响下，所产生的多种意义。例如：

（3）The burglars took no *articles* of value.

（4）Have you read the *articles* on the Chinese way of life in today' s newspaper?

（5）Two *articles* in this sentence are needed.

（6）The *articles* in this contract have been agreed by both sides.

以上四个句子中均有 articles 一词，那么该如何理解如何翻译呢？这就要对语境作具体分析。从关联理论角度进行推理，例（3）中 burglars（盗贼）提供语境的信息是“偷”，articles 生成词义“东西、物品”；例（4）中 newspaper（报纸）提供语境的信息是报纸“刊登”，articles 生成词义“文章、消息”；例（5）中 sentence（句子）提供语境的信息是句子“需要”，articles 生成词义“冠词”；例（6）中 contract（合同）提供语境的信息是“包含、含有”，articles 生成词义“条款”。由此可以看出，同一词语在不同的语境中所生成的词义，差别是很大的，在翻译过程中绝不能“望文生义”。

3.1.2.2 字面意义与文化内涵的差异

有些词的字面意义相同，但词所承载的文化内涵不尽相同，甚至相反。例如，汉语成语“龙凤呈祥”译成英语就比较难了。“龙”在我国历史上是一个图腾形象。最早的图腾形象是图腾自身形象，以后出现了半人半兽的图腾形象。最后，图腾进一步神圣化，形成了如龙、凤等具有多种动物特征的综合性图腾形象，如龙兼有蛇、兽、鱼等多种动物的形态，是以蛇为主的幻想动物。这反映了华夏民族不断融合的过程。

在我国古代传说中，龙是一种能兴云降雨的神异动物。在封建时代，龙作为皇帝的象征。在汉语中，龙总是用于好的意思，例如，龙凤指才能优异的人；龙虎比喻豪杰之士。汉民族素以“龙的传人”自称。而在英语中，dragon（词典注释“龙”）的词义是凶残的巨兽、恶魔、悍妇等。在西方神话传说中，dragon 是身躯庞大笨拙，颜色黑灰，长着巨大的翅膀，口中吐火，吞噬人和动物，非常丑陋恐怖的一种动物，所引起的联想与汉语里“龙”相去甚远。而英语单词 phoenix 是传说中的一种鸟，据说在阿拉伯沙漠上生存五六百年，临死前为自己筑一个里面铺满香料的巢，唱完一只凄凉的挽歌后，用翅膀扇火，将自己烧为灰烬，然后从灰烬中又诞生一只新的 phoenix。因此，在英语中 phoenix 有“再生”“复活”等意思。所引起的联想与汉语里“凤凰”有相似之处，都含褒义。五千年来，中华民族都接受了龙凤的神话传说，所以，中国人走到哪里就把龙凤带到哪里，在世界各地只要发现龙，就有中国人。许多成语中含有“龙”和“凤”字，如：龙凤呈祥、龙飞凤舞、攀龙附凤、藏龙卧虎、凤毛麟角、丹凤朝阳等。像这样有特殊文化背景和文化内涵的词语是很难用英语直接表述的。“龙凤呈祥”一词含两种动物，在英汉两种语言中意义又是一异一同，若将其译成“The dragon marries the phoenix.”恐怕会贻笑大方。

3.1.2.3 词语的感情色彩

谈到感情色彩，大多数英文词汇都是中性的，它们究竟表达褒义还是贬义，要根据它们与其他词汇的搭配来判断，同一个词汇，与不同的词汇搭配，表达感情色彩是不一样的。我们来看下面的例子：

honorable ambition 高尚的志向

insatiable ambition 贪得无厌的野心

a settled design 既定的计划

a criminal design 犯罪的企图

a strong musical bias 对音乐强烈的爱好

a racial bias 种族遍见

ambition，design 和 bias 这三个词本身并没有表达任何感情，但是放在不同的环境中，便有了一定感情色彩，表达了作者不同的态度。感情色彩和语境是紧密联系在一起的，感情色彩如果是鲜花，那么语境就是滋养鲜花的土壤，没有了土壤，鲜花又何从谈起。

3.1.2.4 相同事物不同联想

英语和汉语的不同生存环境决定了其思维方式的不同。对同一事物会产生不同的联想，这在翻译过程中应特别注意。例如，英语国家的家庭及个人有在比较固定的时间喝咖啡或茶的习惯。每天，人们工作、学习一段时间后需要停下来休息一会儿，喝杯咖啡或茶，因此休息时间常用 coffee break，tea break，morning tea，afternoon tea（茶休）来表示。所以 tea shop，coffee shop 分别叫做“茶馆”和“咖啡馆”，而不是卖茶叶和咖啡的店铺。又如，在欧洲的民间传说中，蝙蝠（bat）是一种邪恶的动物，总是与罪恶和黑暗势力联系在一起的，特别是 vampire bat（吸血蝙蝠），提起就令人恐惧。英语成语中的有关表达，也说明对于 bat 的坏的联想，例如，as blind as a bat（瞎得像蝙蝠一样，有眼无珠）；如果说某人 batty，意思是他（她）“有些反常，有点疯的，古怪的”。在中国传统文化中，蝙蝠的形象与西方完全不同。由于“蝠”与“福”同音，蝙蝠被认为是幸福的象征。民间有许多图案采用蝙蝠以表示吉利。据民间传说，蝙蝠活到一千年会变成白色，头朝下吊在树干上。如果吃了这种蝙蝠的肉，就会长寿。红蝙蝠是大吉大利的前兆，因为“红蝠”与“洪福”谐音。中国人与西方人就相同颜色产生的不同联想差别也很大，例如：black and blue，译成汉语不是“黑和蓝”而是“青一块紫一块”；white elephant 不是“白象”而是“无价值的东西”。我国戏剧舞台上的“红脸”表示“忠义、忠贞”；而在英国，由于威廉二世的脸比一般人的脸要红，他暴虐而又残忍，所以“红脸”在英语中表示“暴躁、残忍、血腥”。

3.1.2.5　背景知识与超语言知识

背景知识包括作品产生的背景，时间发生的背景；超语言知识则包括专业知识、常识、文化知识、思维逻辑、习俗等，这些也可以称为广义的语境，是确定词义与表达词义的必备知识。例如：On Friday, October 19 of this year, when the afternoon sun was misty in an autumn sky, a part of Edgar Snow returned forever to the camp us of Peking University.（今年 10 月 19 日，星期五，这是一个秋天的下午，在夕阳的朦胧光辉下，埃德加·斯诺的部分骨灰永远安放在北京大学的校园里。）这是在中国人民的美国朋友埃德加·斯诺逝世的葬礼上，Louise W. Snow 致悼词的开头一句话。a part of Edgar Snow 是指他的一部分骨灰（斯诺的另一半骨灰安放在纽约的一个花园里）。Return 译为“安放”，含有怀念为之战斗过的北京大学，也表明了将部分骨灰安放在北大校园里是死者生前的遗愿。再如：bad sailor 不是“坏水手”而是“容易晕船的人”；busy body 不是“忙碌的人”而是“爱管闲事的人”；familiar talk 不是“熟悉的谈话”而是“庸俗的谈话”；go on strike 不是“继续罢工”而是“举行罢工”等等。

3.1.3 句子

语言内语境第二个层面就是句子语境，它由一个句子或句群组成。词的组合，及“句”的意思也不是固定不变的，而是随着不同的上下文和语境而变化。英语句子的表层结构与其表达的语义之间存在着复杂的关系，要理解句子的真正含义，就必须结合语境作具体分析。

来看下面的例子：

（1）I' ll defend the bridge to *the last drop of my blood*.

只要一息尚存，我就要守住大桥。

（2）I thought her *last* book was one of her best.

我认为她最近出版的那本书是她的最佳著作之一。

（3）He knew this was his *last* hope of winning.

他知道这是他获胜的唯一希望了。

（4）This is a question of the *last importance*.

这是一个非常重要的问题。

（5）He is the *last person* to consult in such matters.

他是最不适宜于商量这种事情的人。

查阅字典，我们找到“last”一词意思为“最后的”“最近的”“唯一的”“极端的”“最不可能的”“最不合适的”等等。尽管上述关于“last”的翻译都在字典给定意思范围内，但字典给定的意思都是泛泛的，概述的。只有在具体的句子语境中，才能找到最合适的意思。再看下面另外一个例子：

（1）We *passed* another town before daylight.

我们在天亮前经过了另一个镇。

（2）I used to *pass* the whole evening that way.

以前我总是这样消磨整个黄昏。

（3）Now the moment has *passed*.

现在已经错过机会了。

（4）If I kept on reading that feeling would *pass*.

如果我继续这样读下去，这种感觉就会消失。

（5）We knew what was *passing* in his mind.

我们知道他心里在想什么。

“pass”这个词是一词多义，它的意思完全取决于它所处的句子环境，就像 J. R. Firth 曾经指出的那样，每个词只有用于一个新的语境中，就成了一个新词，一个语境赋予一个词新的意思。

例如：

（1）Like charges repel, unlike charges attract.

相同的电荷相斥，不同的电荷相吸。

（2）He likes maths more than physics.

他喜欢数学甚于物理学。

（3）In the sun beam passing through the window, there are fine grains of dust shining like gold.

在射入窗内的阳光里，细微的尘埃像金子一般闪闪发光。

（4）Like knows like.

英雄识英雄。

“like”，一个这么简单的单词就有这么多不同的含义。不看整个句子，我们很难确定它的意思。我们再来看另外一个例子：

（1）The team gave us a good beating.

他们队把我们彻底打败了。

（2）As William Shakespeare said：the best is often the enemy of the good.

正如莎士比亚所说：最好的往往是好的反面。

（3）He is a good sailor.

他不晕船。

（4）A dog has a good nose.

狗的嗅觉很灵。

（5）She is good at language.

她善于学习语言。

（6）It' s a good five miles away.

足足有五英里远。

（7）We' re as good as ruined.

我们差不多毁了。

（8）It seems they' re staying for good.

看来他们似乎要永远留在这里了。

（9）We had a good diner yesterday evening.

昨晚我们享用了丰盛的晚餐。

对于有众多词义的词汇，词义的选择完全取决于所处的语言环境，也就是我们所谓的语境。我们在做翻译时，不能仅凭经验或字面意思随意翻译，不顾及语境的翻译只能给人们带来错误或不准确的信息，误导读者。

在翻译汉译英的时候也是如此，比如汉字“说”在不同的句子语境中就要选择不同的目标语言。

（1）他说英语。He *speaks* English.

（2）他说谎。He is *telling* a lie.

（3）他说他很忙。He *says* he is busy.

（4）我说不清楚。I' m unable to *express* myself clearly.

（5）这可说不得。It must not be *mentioned*.

（6）别胡说八道。Be *reasonable*.

此外要想准确翻译一个词的感情色彩，翻译者有时候必须依赖这个词所处的句子环境。来看《名利场》中的片段：

“Over Mrs. Flamingo' s crimson silk gown,” said good-natured Mrs. Sedly. “What a gawky it was! And his sisters are not much more graceful. Lady Dobbin was at Highbury last night with three of them. Such figures, my dears.” (William M. Thackeray, 1963：52)

好性子的赛特笠太太答到：“五味酒全洒在弗拉明哥太太的红绸袍子上。他这人真是拙手笨脚。他的妹妹们也不见得文雅多少。都宾爵士夫人昨儿晚上带了三个女儿也在海贝莱。唉，她们的腰身好难看哪！”

如果没有上下文语境，“such figures”既可以被理解为“好的身材”，也可以被认为是“不好的身材”，因为 figure 一词本身为中性。但是通过上文可知，赛特笠太太对三个妹妹给出的是负面评价，这对我们关于“such figures”的理解起了决定性作用，一定是“不好的身材”，故译者选用“腰身”一词，准确、到位。

如果一个句子的语法现象使句意模棱两可，近文语境（immediate context）可以帮助明确句意。语言内语境可以分为近文语境（immediate context）和远文语境（remote context），近文语境指词语和句子语境。来看下面的例子：

He likes entertaining kids. 这句话可以理解为：

（1） He likes to amuse kids.

他喜欢哄孩子们玩。

（2）He likes kids who are interesting.

他喜欢有意思的孩子。

但是如果把这句话放在特定的句子语境中，就只能有一种解释了：

He offered kids the jigsaws because he knew jigsaws would amuse them for hours on end. He liked entertaining kids. (He liked to amuse kids.)

因为此句子中提到“他给孩子们 jigsaws，因为他知道孩子们可以连续玩 jigsaws 几个小时”，所以在此语境中只能选择第一种解释了——他喜欢哄孩子们玩。

再来看下面的例子：

（1）If you want something bad, you will get it finally.

你要是非常渴望得到一样东西，最终会得到的。

（2）If you want something bad, then I can do nothing about it.

你要是想要什么糟糕的东西，我可无能为力。

（李铭，2002：42）

这两个句子前一分句是完全一样的，但由于后一分句的限制，笔者将两个完全相同的分句翻译得完全不同。两个句子中的关键词为“bad”，它既可以用作形容词也可以用作副词，分别是“邪恶的，不道德”和“非常地”的意思。因此根据每个句子的后一分句，可以理解为：

（1）主语 + 谓语 + 宾语 + 副词；

（2）主语 + 谓语 + 宾语 + 定语；

这就决定了对句子不同的解释。

例如：The police were ordered to stop drinking after midnight. 此句可做四种不同的解释：

警察奉命半夜后停止饮酒。

警察奉命阻止人们半夜后饮酒。

半夜后警察奉命停止饮酒。

半夜后警察奉命阻止人们饮酒。

这四种翻译从语法的角度来讲并没有对错之分，具体哪一种解释更加合理只有依赖相关的语境来确定。因此在某种程度上，语境在英汉翻译中还具有消除歧义句的重要作用。综上所述，在翻译过程中，对一个词、词组、句子、段落的正确分析和理解，往往需要根据其所在的具体语境，透过语言表象去除按摩领悟其中的深意，只有这样，才能准确地把握词句在预警中的特殊含义、深层含义及言外之意。

3.1.4　篇章

篇章语境（Textual Context）指的是比句子长的篇章中的提示。在交际中，一些表述由一个或几个文本构成，也叫做篇章语境，这些表述的意义往往要由语言环境决定。有些时候一篇长文章分成许多部分或章节。一些表述的特殊意义有时候取决于其他部分或章节的内容。为了更好地理解文本的原意，译者有时候要求助于更高层面的语境——篇章语境。篇章语境包含段落、章节和整个文本，从广义的角度讲就是我们所谓的上下文。

3.1.4.1　段落语境

准确理解段落语境，不仅能让译者把握词或句子的意思，而且能更好地体会段落所表达的内在含义。下面是劳伦斯《儿子与情人》中的一段：

As she crossed the open ground in front of the Moon and Stars she heard men shouting, and smelled the beer, and hurried a little, thinking her husband was probably in the bar.

…

He' s helping to wait at the Moon and Stars. I seed him through that black tin stuff wi' holes in, on the window, wi' his sleeves rolled up.

（黄海军，1996：87）

在这一段中，最难翻译的词就是“wait”。通过查字典找出 wait 的含义：“等候”“期待”“准备好”“耽搁”“伺候进餐，当侍者”。依据上一段，可以明确地确定“the Moon and Star”是一个酒吧。所以判断此处 wait 合适的含义为“伺候进餐，当侍者”，此意思在下一句话中得到印证“wi' his sleeves rolled up”（卷着袖子在那里帮助端酒上菜）。

3.1.4.2 章节语境

段落语境确实能够帮助译者确定词汇的精确含义，但有时候它的功能还是受到限制。在这种情况下，就要考求助于章节语境了。下面的例子引自于小说《名利场》，很好地说明了章节语境对于确定词汇意思的作用：

So that when Lieutenant Osborne, coming to Russel Square on the day of the Vauxhall party, said to the ladies, "Mrs, Sedley, Ma' am, I hope you have room; I' ve asked Dobbin of ours to come and dine here, and go with us to Vauxhall. He' s almost as modest as Joe."

(William M. Thackeray, 1963：52)

到游乐场去的那一天，奥斯本中尉到了勒塞尔广场，就对太太、小姐们说："赛特笠太太，我希望您这儿有空位子。我请了我们的都宾来吃晚饭，然后一块儿上游乐场。他跟乔斯差不多一样：怕羞。"

（Tr. 杨必，1982：55-56）

这是引自小说第五章的一部分。"modest"一次多义，有诸多解释——"谦逊的""羞怯的""端庄的""适中的""朴素的"等等。此词意思的最终选择，仅仅以近文语境为参考无法确定，必须依据其他章节的内容。在小说的第三章，赛特笠太太说："Poor Joe, why will he be so shy?（可怜的乔斯，他干嘛这么害羞呢？）"赛特笠太太的话揭示了乔斯的性格。在小说的第五段也可以找到证据说明都宾的性格："He had arrived with a knock so very timid and quite." William M. Thackeray,（他来的时候，小心翼翼地敲门，声音非常地轻。）这两处的提示帮助译者对 modest 一词的翻译做出正确的选择。

3.1.4.3 文本语境

语言内语境最后也是最高的层次即为文本语境。Peter Newmark 曾经说过："……文本是求助的终极法庭，句子是翻译过程（不是翻译）

的基本单位，最关键的集中在词汇单位，如果不是词的话 “…the text is the ultimate court of appeal, the sentence is the basic unit of translating (not of translation), and most of the cruxes are centered in the lexical units, if not the words.” 这段评论显示了文本在翻译中的重要地位。其重要地位在下述的例子中也得以体现。

Of Studies 是弗兰斯·培根的经典作品。由于文字的精美和寓意的深远，*Of Studies* 被译成很多版本。当译到 *Of Studies* 标题本身时，有很多种不同的译法：谈读书（Tr. 王佐良），论学问（Tr. 水天同），说学（Tr. 高健），论求知（Tr. 何新）。撇开上下文，这些所有的译法都忠实于原文。但是通过仔细阅读发现，“study”这个词不仅是标题中的关键词，也是整篇散文的主线。此词的理解对全文的翻译都起到重要的作用，所以应把它与文本看作一体，在整篇文本的基础上做出翻译。此外，译者也可以从散文中的一句话 “some books... some books...” 得到一些提示，说明这篇散文与“书”相关，所以第一种译法《谈读书》得到公认。

另一个例子选自于 Hughes 写的《父亲与儿子》：

“Good evening, Bert”, the Colonel said.

“Good evening, Colonel Tom”, the boy replied, quickly, politely, almost eagerly. *And then, like a puppet pulled by some perverse string, the boy offered his hand.*

“晚上好，伯特”，上校打着招呼。

“晚上好，汤姆上校”，孩子迅速作答，很有礼貌，还多少带点热切。接着，多少有点不太情愿地向上校机械地伸出了自己的手。”

（王秀萍，2003：35-36）

因为 “puppet” 和 “perverse” 两个词，标注为斜体的句子很难翻译。字典解释 puppet 为“木偶”“傀儡”之意，perverse 为“任性的”“倔强的”之意。如果不考虑整个故事，选择字典所给出的任何一个解释都很难让我们明白斜体句子的意思。在故事中，伯特是一个黑人，他一直反对种族歧视和种族分离。当他的白人爸爸跟他打招呼时，他回应并伸出手以示他们在社会地位上是平等的。但想到小时候爸爸鞭打他并把他逐出家门的事，他显得有点谨慎和防范（But he is somewhat cautious and offended）。这个文本语境为译者提供了故事的背景信息，使得他能够在字典给出解释的基础上做出合理的调整。

很多情况下，文本中蕴含着提示，帮助译者准确翻译（indicate referents），下面这首诗很好地体现了这一点：

This is Just To Say

I have eaten

the plums

that were in

the icebox

and which

you were probably

Saving

for breakfast

Forgive me

they were delicious

So sweet

So cold

（邓曼娜，肖安溥）

这首诗虽然没有告诉读者故事发生的确切时间、地点、或是“我”和“你”的关系，但根据诗中词句“saving for breakfast”和“the plums were in the icebox”，读者可以推断出故事可能发生在晚上在“我”家中。关于人物关系，由于诗中流露出一种亲密的感觉和一种亲昵的语气，所以推断“我”和“你”可能是夫妻关系。诗歌的主题为：当我回到家中，妻子已然入眠。我感到口干舌燥，吃光了妻子放在冰箱里用作明日早餐的全部李子。在此理解基础之上，诗歌被翻译成如下：

谨启

那些李子

我已吃得精光

它们原来放在冰箱里

或许是你当早餐的吧

请你多多原谅

它们实在是太好吃了

那么甜蜜

那么冰凉

（邓曼娜，肖安溥，2000：180）

尽管语言内语境分为近文语境和远文语境，有时候它作为一个整体对文章的意思起到影响作用。例如：

我听了他的话，试着站直了身子，抬头一看，突然视野开阔了，天地变大了，只见身前是水，身后是水，水连着天，天连着水。

I followed his advice and managed to *erect myself*. My vision greatly broadened. There was a boundless expanse of flooded water-water in front, behind, and everywhere, blurring the horizon.

（陈宏微，1998：130—131）

这段是一则故事的一部分，故事讲述一个不知姓名的山里男人救了一位准备自杀的受过教育的女孩。故事的远文语境是，在女孩回村的路上，女孩遭遇了暴风雨，暴风雨最终形成洪水，并漫过了桥面。在进退两难的情形下，女孩想到了自己所遭遇的厄运，感到万念俱灰，想通过自杀结束自己的性命。就在千钧一发之际，一个打着红色雨伞的男人出现了，并及时地阻止了她。男人甚至冒着生命危险帮助女孩度过被淹没的桥。那个不知姓名的男人和那把红色的雨伞在姑娘的脑海中形成了永久的印象，并鼓励姑娘在她的人生之路上克服重重困难。

上面那句需要翻译的句子告诉我们女孩战战兢兢地弯身过桥，山里男人却鼓励她“站直了身子”。通常情况下，“站直了身子”可以翻译为“stood up”或者“stood straight”，但放在这里却不太合适。此句话不仅蕴含着鼓励姑娘过桥时要“站直了身子”，以后的生活中也要“站直了身子”过日子。从那一刻起，她心中想着红色的雨伞，坚毅地面对今后生活中的挑战。考虑到近文情景和远文情景，翻译为“erect straight”更为合适。更能体现出姑娘今后会勇敢地面对生活中的各种困难。

第二节　非语言内语境中的作用

非语言语境指语言系统外部没有具体书面文字形式而与文章或言谈内容有关的因素，主要包括情景语境和文化语境这两方面的内容。它们与作品所表达的内容有密切联系，影响和制约着译者对原文的理解和表达。我们可以用一个图表将非语言语境的分类清晰地展示出来：

非语言语境
- 情景语境：语篇场、语篇方式、语篇基调；
- 文化语境：历史背景、地理环境、宗教信仰、文化传统、社会政治环境、风俗习惯

3.2.1　情景语境

情景语境指说话发生的背景，它包含说话的时间、地点、谈话的主题、说话者（作者）以及听众（读者）的个人信息或背景（性别、年龄、社会地位、教育背景、生活经历、意识状态等等），最后一点是原文的写作风格。不同的时间、地点、主题、说话者（作者）以及听众（读者）

的个人信息会形成不同的写作风格。

伦敦功能学派创始人马林诺夫斯基认为情景语境指使用语言的一般环境。后来他的情景语境概念被伦敦语言学派的另一代表人物弗斯继承和发展，他认为情景语境是“一组互相关联的言语和非言语的范畴。”在他之后在语境理论上做出重要贡献的人物是韩礼德，他的“语域”理论实际上是对情景语境概念的发展，“语域（register）”被定义为“根据用途区分的不同语言”。他的理论是对弗斯“情景理论”的抽象解释。“语域理论”将情景语境分为三种主要类型：语篇场（field discourse）、语篇方式（mode discourse）、语篇基调（tenor discourse）。

语篇场指正在发生什么事或正在发生的社会活动的性质，包括正在被谈论的事情；语篇方式指语言在具体语境里所起的作用、采用什么体裁、通过什么渠道（口头还是书面）、以及采用何种修辞手段等等；语篇基调包含谈话参加者、谈话参加者之间的关系、以及他们的社会地位和角色。因此，韩礼德的理论得到最广泛的认可，毫无疑问地，情景语境的三个部分——语篇场、语篇方式和语篇基调在翻译过程中对词义的理解和转化都起到了至关重要的作用。

3.2.1.1　话语场界与语义

话语场界被有些语言学家称为话题（topic），指话语所反映内容所属的社会领域，如科学界、政治界、经济界、法律界等。它强调的是语言的专用性和特殊性。同一个词语在不同场界的语义是不尽相同的，因此，译者在翻译中要先辨清原文的话语场界，辨清语言参与者所从事的活动。只有这样，译者对原文作者所要传达的意义才可能把握准确。

I should be destitute of feeling if I was not deeply affected by the strong proof which my fellow-citizens have given me of their confidence in calling me to the high office whose functions I am about to assume. As the expression of their good opinion of my conduct in the public service, I derive from it a gratification which those who are conscious of having done all that they could to merit it can alone feel.

这是美国第五任总统 James Monroe 就职演说中的一段。如果不给出这个话语场界或者不根据经验推断出这个话语参与者所进行的活动，这段话中的一些词语的语义是较难把握的。例如“the high office”（总统职务）很可能按照字面意思被误译为“高级办公室”“public conduct”（行政工作）也可能被译为“公共事业”之类，等等。这段演说译文如下：

充分的证据表明，我的同胞们满怀信心召唤我担任我行将肩负的总统职务。对此，我如果无动于衷，那就是不近情理了。同胞们对我的过去的行政工作给予了很高的评价，使我心怀感激。这种感激之情，只有那些竭尽全力来回报的人才能感受得到。

3.2.1.1.1　语篇场决定同义词的意思

在我们讨论此点之前，先来看一个符号“shuttle”，它在不同的语篇场中，有不同的参考意义。到目前为止，我们至少遇到过如下的翻译：用于纺织业语境下，它指“a pointed instrument used in weaving to pass threads that form the length of the cloth”，翻译为“梭子”；用于天文学中，被翻译为“航天飞机”；用于外交语境下，指“穿梭外交”。“mouse”一词也是如此，在用于日常谈话或与计算机科学相关的场合下，要分别译成“老鼠”和“鼠标”。这种变体在英语中非常普遍。相同的词，由于使用的人或使用的语篇场不同，翻译时，要选择不同的变体。

这样的例子数不胜数：“transmission”一词在无线电工程学中的词义是“发射”“播送”；在机械学中的词义是“传动”“变速”；在物理学中的词义是“透射”；在医学中的含义是“遗传”，等等。

下面的例子也可以清楚地说明同一个单词在不同场界有不同意义。

（1）The lathe should be sent on a firm base.

车床安装在坚实的底座上。（机械）

（2）As we all know, a base reacts with an acid to form a salt.

众所周知，碱与酸反应生成盐。（化学）

（3）A transistor has three electrodes, i.e., the emitter, the base and the collector.

晶体管有三个电极，即发射级，基极和集电极。（电子）

（4）Line AB is the base of the triangle ABC.

AB 线是三角形 ABC 的底边。（数学）

（5） He is on the second base.

他在二垒。（体育）

（6）The weary troops marched back to the base.

疲惫不堪的士兵列队返回基地。（军事）

由此可见，语篇场对意义起着相对固定的作用，更准确地说是决定了词的概念意义。所以在翻译中，译者应首先认清语篇场，才能用特定场界的思维概念去理解并翻译原文。随着科技的飞速发展，语言的使用也扩展到更加广阔的语篇场的范围。也就是说，一方面，旧的语篇场扩大；另一方面，新的语篇场会不断出现。在这种情况下，新词会大量出现，旧的词也会因为场界的扩大而产生出新的意义。例如，英语中的 clone 并不是一个新词。这个词来自希腊语 klan，意思是 break 打碎 。在英语中，它的意思是“无性繁殖细胞”。20 世纪 80/90 年代，随着医学、生物工程、生物化学的发展，这个词增添了“复制”（动物、人）的含义。现在还找不到一个比音译“克隆”更好的译词。由此可见，新的场界可以赋予旧词新的意义，同时新的场界也会成为新词的诞生地。例如，pit–pull 这个词就是美国竞选这一语篇场中产生的一个新词，美国的政客常用 pit–pull politics 来攻击对方的谋略。

有趣的是，我们发现有时候不同的变体可以指相同的语篇场。在 2003 年，一种疾病肆虐地侵袭了世界上每一个角落，尤其是中国。许多人被感染了，有一些人甚至因此而去世了。关于这种疾病的名称，刚开始在广州报告出现病例时，我们定义它 A typical Pneumonia，翻译成“非典”。但随着疾病越来越严重，尤其在北京，我们又翻译成汉语“萨斯”。许多文化层度低的人也叫它“瘟疫”。所以以媒体为代表的官方称呼这场传染性疾病为“萨斯”，不专业的人和文化水平低的人分别叫它“非典”和“瘟疫”，这反映了说话者的社会地位和教育程度。所以，不同的术语，指代相同，可以用于相同的语篇场中。

由上述例子可知，当一个词脱离具体的语境时，只是一个符号，只有当它处于语篇场中，才会有意义。此外，当一个词，更确切说是一个符号，处于不同的语篇场中时，会有不同的意思，因此要把它看作一个新词。毫无夸张地说，语篇场决定同一个符号产生不同的变体。总之，语言是在不断地发展着的，我们只有区分更细的语篇场才能在翻译过程中正确理解并选择词义。由此可见，语篇场的复杂性将使得它成为翻译中的一大难题。译者在翻译中如果想很好的把握语篇场，就必须不断完善自己的知识面。

3.2.1.1.2　语篇场可以在词汇中体现

如前文所述，语篇场指在一个文本中所谈论的事情。语篇场也可以体现在词汇结构中。在词汇层面，语篇场有自己独特的特点，它包含两个方面：reiteration（重复）和 collocation（搭配）。重复指的是词汇的重复或者同义词的出现，在话题的语境下，也就是，两个词或几个词讲述的都是同一话题。搭配指的是在某种方式下与 While collocation refers to a word that is in some way associated with another repetition of it, or is in some sense synonymous with it, or tends to occur in the same lexical environment. 在我们实际翻译的过程中，由于缺乏译者缺乏场的知识，翻译并没有在本文的基础上进行翻译。

来看下面的例子：

The man, who, in old age, can see his life in this way, will not suffer from the fear of death, since the things he cares for will continue. And if, with the decay of vitality, weariness increases, the thought of rest will not be un-welcome. I should wish to die while still at work, knowing that others will carry on what I can no longer do, and content in the thought that what was possible has been done.

(*How to Grow Old* by B. Russell)

这个片段被看作是一个文本，中心意思就是那个老人对生命有着正确的看法，他并不惧怕死亡。文章围绕死亡的话题和对死亡的态度而展开。但是下面翻译的版本仍需要进一步改进。

Version：上了年纪而能这样看待生活的人就不会遭受怕死的痛苦，因为他所关怀的事物将继续下去。同时，如果精力衰退了，疲乏增加了，休息的思想并非是要不得的。我倒愿意工作不息，死而后已，因为我知道别人会继续我未竟的事业，同时想到能做的一切已经做了，自己会感到坦然。

上文所翻译的“休息”与文本的主题“死亡”一点关系也没有，它违背了重复角度下一致的原则（it violates the consistency of the unit in reiteration.）。此翻译的缺点在于它是一句一句翻译的，译者根本没有考虑到整个文本的词汇环境。在特定的语篇场下，“休息”一词与文本中的“rest”并不对等，尽管在句式“如果精力……并非要不得”中讲得通。浏览完整个语篇，我们发现文本中的关键词为：death（n.），rest（n.），die（v.）。根据文本角度的知识（dimension of text），我们很快判断出这三个词应该表达相同的意思。因此，“rest”意思为“死亡”，是一种委婉语。相应地，在文本中应翻译为“死亡”“长眠”or“安息”，只有如此译，文本才会显得更有逻辑性和连贯性。因此，翻译时，目标词汇的选择不仅要使句子意思讲得通，更要满足语篇场的要求。

除了上面讲到的重复，语篇场也在搭配中得以体现。通过搭配，一些词汇会出现在相同的词汇环境中。译者如果掌握了搭配，很容易确定其中词汇的意思。例如：一篇论文的标题为 *Context Analysis in Text Translation*，在论文中"text"和"context"频繁出现。很明显我们不能把"text"按照字面意思翻译成"课文"，要翻译为"语篇"，是语言学里面的一个术语。相似的道理，论文中出现的"field, tenor and mode"不能直译为汉语"田野""要旨"和"样式"，要相应地译为语言学领域的"语场""语旨""语式"。

所以重复和搭配都与语篇场有密切的关系，对所译词汇的意思的选择有决定性的作用。

3.2.1.2　语篇方式

语篇方式，即语言的交际形式，指的是语言通过什么渠道、采用什么体裁在具体的环境里起作用。语言交际活动的渠道或者说是媒介不外乎口语和书面语两种。韩礼德后来有提出语篇方式也包含运用在文本中的修辞方式，这在之前的理论中是没有提及的。

3.2.1.2.1　语篇方式在口语或书面语中的体现

口语和书面语的差别是很明显的，在翻译不同题材的语篇时，译者应充分意识到这种差别。一般来说，戏剧语言口语化比较明显，因为戏剧语言主要是为了观众的欣赏。而科技语篇的语言一般比较书面化，专业性较强。当然，在实际翻译过程中问题往往要复杂得多，译者应充分意识到特殊语境中语篇用来表达意义，传达信息的媒介。请看一句电影台词 的几种译文：

If you dare to play the fox with me, I' ll shoot you at once.

译文一：你要是对我耍滑头，我马上毙了你。

译文二：如果你有勇气对我搞阴谋诡计的话，我就非常迅速地射死你。

译文三：我的乖乖，还敢耍滑头，看我毙了你。（扬州方言）

译文四：小伢儿要是不给我老老实实，老子让你翘辫儿。（杭州方言）

译文五：你敢跟我搅浑水，立马放你的血。（湖南方言）

译文六：你龟孙子再乱整，老子一枪敲死你。（四川方言）

很显然，译文二相对比较逊色，不符合戏剧的口语体风格。而后四种译文则是分别适应了不同的方言中的口语化风格，可以适应不同的观众群体。我们可以设想一下四川的观众听到他们方言的反应，可以说他们一下子就可以体会到原作想要表达的意思。

下面我们再来看看选自电影《魂断蓝桥》中的一段对白的几种译文。当时的情景是：烛光俱乐部里，有些舞伴坐在桌子旁，另外一些在翩翩起舞，背景是乐队，玛拉和罗依坐在桌旁。

(1) Myra：What is it you still don' t get?

Roy：you know, when I left you this afternoon, I couldn' t remember what you looked like, not for the life of me. I thought："Was she pretty? Was she ugly? What was she like?" I couldn' t remember. I simply had to get to that theatre to see what you looked like.

Myra：And do you think you will remember me now?

Roy：I think so. I think so··· for the rest of my life.

Myra：But—what is it about me you still don' t get?

[Announcer on the band speaks to the patrons, the lights are dimmed and couples begin dancing. Roy and Myra begin dancing.]

Announcer：ladies and gentlemen, we now come to the last dance of the evening. I hope you' ll enjoy the "*Farewell Waltz*".

Roy：I' ll tell you later. Let' s dance now.

译文一：

玛拉：你仍然不明白什么？

罗依：你知道，今天下午我们分手以后，我记不清你长什么样，我怎么也想不起来。我想了又想："她是漂亮，还是丑陋？她长得是个什么样子？"我记不清楚。我非得赶到剧院去仔细看看你不可。

玛拉：你认为现在能记住我了吗？

罗依：我想是的——是的，我一辈子都会记住。

玛拉：那么——关于我，你仍然有什么不明白？

罗依：等会儿告诉你，我们现在跳舞。

译文二：

罗伊：你知道，今天下午我们分手以后，我记不清你长什么样了，怎么也记不起来。我想："她美吗？她丑吗？她长什么样？"我就是记不起来，我非得赶到剧场去看看你的模样。

玛拉：现在你不会忘了吧？

罗伊：我想是的。是的，一辈子都不会忘了。

玛拉：那么，对我，你还想知道点儿什么？

罗伊：等一会儿我再告诉你，先跳舞吧。

译文三：

罗依：你知道，今天下午我离开你时，我记不得你长什么样。一点都记不得。我想："她漂亮吗？她难看吗？她长得怎么样？"我记不起，我只好晚上直接去剧院看看你到底长得什么样。

玛拉：那么你认为你现在能记住我了吗？

罗依：我想是的。我想这一辈子我都记住你了。

玛拉：可是对我，你还有什么不懂的？

罗依：以后再告诉你，我们现在跳舞吧。

影片中上尉罗依与芭蕾舞演员玛拉在滑铁卢桥邂逅相遇，两人一见钟情，这是罗依邀请玛拉在饭店吃饭时的场景，发生于一对恋人之间。我们可以看出，译文二在处理两者对话时的用词显得非常自然，非常口语化，适合演员的表演和观众的欣赏，而译文一和译文三的处理都显得有些生硬。从这个例子中，我们可以看出，语篇方式决定了译文的表达，译者在翻译中应注意原语传达信息的方式，才能更好地表达出原作的意义，以利于译语读者的理解。

译者在翻译过程中应充分意识到这种区别。试比较下面两段话：

(2) a. Although learning is judged to require from teachers (and sometimes indeed it does), the real instructors may be found not so much in school or in great laboratories as in the student' s own powers of insight.

b. You know, people are always saying they learn from teachers! OK, so they do, sometimes. But what I want to get across is this：you don't always find your teachers in school or in labs, either.

No sir! Sometimes you find the teacher right in your own eyes and ears and brains. That' s where it' sat!

不难发现，尽管这两段表达的是相同的意思，但文体风格却有着很大的不同。第一段话带有明显的书面语特征，而后一段却比较口语化。因此，在翻译中，我们要区别对待，细心体察。

其中的变化，遣词造句都要尽量符合原文的文体风格。第一段译为较庄重正式的书面语体，而第二段译为浅显易懂的口语体：

a. 学识得之于导师是人所共见的，有时也确乎如此。但是，真正的“导师”大都不出自学校或实验室，而是学者本人的洞察力。

b. 大家总是说教学，老师教，学生学。不错，有时候是那么回事。但是，依我看，老师也不是只有在学校里或者在实验室里才能找到，不是的！有时“老师”就在你自己脑袋里，在你的耳朵里、眼睛里，就是这么回事！

3.2.1.2.2　语篇基调的变化决定语篇语篇方式的改变

在忠实文本的翻译中，译者应该非常清晰文源本和目标文中说话者和受话者的关系。如果在目标文本中基调改变了，语篇方式也应该随之改变。例如：

(3) My Lord,

I have been lately informed, by the proprietor of The World, that two Papers, in which my dictionary is recommended to the Public, were written by your lordship. To be so distinguished, is an honor, which, being very little accustomed to favors from the Great. I know not well how to receive, or in what terms to acknowledge.

这是“致吉士菲尔伯爵书”的开头部分，由塞缪尔·约翰逊，一个非常有名气的词典编纂学家、批评家和诗人，在1775年2月7日执笔写的。约翰逊在信中吉士菲尔伯爵表达了编撰部字典的计划，a distinguished patron of literature（有名气的文学界泰斗）。在约翰逊辛苦地编纂字典长达几年的时间里，吉士菲尔伯爵既没有向可怜的词汇学家提供什么帮助，也没有给予任何的鼓励。但是在字典出版的前夕，男爵给 “The World” 写了两封信，大肆表扬了那部字典，并期望约翰逊把字典献给他。但是约翰逊拒绝了并给他写了上面这封信。源文本中的语篇方式是信件的格式，并写在200年前。所以在翻译过程中，译者必须考虑写信件的背景和语言的形式，来满足当代读者的需求。

Version 1：大人阁下，倾得《世界报》馆主告知，该报近日揭载二文，对拙编词典，颇有扬善褒荐之词，闻该出阁下笔，厚爱如此，理当引为大幸。奈何在下不惯贵人垂青，茫然不知何以接受，何辞逊谢。

Version 2：伯爵大人，近日从《世界报》馆主得知，该报刊载了两篇文章，对拙编颇多举荐溢美之词，这些文章据悉均出自阁下您的手笔，承蒙您如此的推崇，本应是一种荣耀，只可惜在下无缘得到王公大人的青睐，所以真不知道如何来领受这份荣耀，也不知道该用些什么言辞来聊表谢意。

（顾振坤译，中国翻译工作者者协会，2000-3）

上面两个版本都是由北京大学顾振坤教授所译。就像在译文后面注释所讲的一样，由于时间和空间的关系，要考虑到目标文本中语篇方式。在忠实原文原则的基础上，译文 1 采用的是古典语言，因为原文是在 200 多年前写的。但是对于大部分读者来说，他们不愿意看古典语言，但遗憾的是如果译成现代文就违反了忠实原文的基础。所以译者处于一种两难的境地。在这种情况下，笔者认为译者更应该考虑读者的反应，也就是说我们为了满足读者的需求而放弃忠于原文的原则。尽管这里给出了两篇译文，但我们还是更倾向于第二篇。毫无疑问，如果译文 1 放在塞缪尔的时代，肯定是绝佳的译文。但文本的读者变了，译文的语篇方式也要随之改变。所以，在翻译的过程总，译者采用何种语篇方式来表达原文的意思是非常重要的，因为这涉及到目标语言采纳的形式和表达方式，这对文章翻译的质量起到决定性作用。

3.2.1.2.3　语篇模式使修辞在目标文本中得以体现

上文讲述到，在韩礼德后来的作品中，语篇方式包含着以一些修辞概念。译者如何在目标文本中表现出修辞的作用呢。笔者认为足够的语篇方式可以保证目标文本中的修辞效果，在一些文学作品中我们注意到许多作家倾向于打破语言表述的规则，为了达到一定的效果和特定的目的而采纳很多变体。在莎士比亚的戏剧《温莎的风流娘们们》，埃文斯是来自于威尔士，这由他那浓厚的威尔士口音和对某些词汇错误的发音表现出来的。例如：

(4) Evans：'It is petter that friend is the sword, and end it; and there is also another device in my prain; which, peradventure, prings out goot discretions with it. There is Anne Page, which is pretty virginity.'

在这段文本中，“better, brain, brings 和 good” 分别被埃文斯说 “`petter, pram, prings 和 goot”，形象地向读者展示了埃文斯来自于威尔士这个事实。如何在目标文本中展现这种效果，也就是说译者采用哪种语篇方式，是非常重要的，因为不同的语篇方式会给译文带来不同的效果。我们来

这个单词前面的符号是否正确？

比较一下下面这两种不同版本的译文：

Version 1：爱文斯："冤家易解不宜结，还是和和气气的好。我脑子里还有一个计划，要是成功，倒是一桩美事。培其大爷有一位女儿叫安，她是一个标致的姑娘。"

Version 2：爱文斯："冤家易解不宜结，还是大家和和气气的豪（好）。我劳（脑）子里有一个计划，要是能成功，会太（带）来米（美）好的结果。培其大爷有一女儿叫安，她是一个标致的姑娘。"

（彭蟾译 来自于中国翻译者工作协会，87-4）

比较这两个版本，版本1把源文本翻译成了标准且文雅的汉语，但是没有译出蕴含在源文本中的那种意境。埃文斯威尔士口音在目标文本中并没有传达给读者。在源文中，埃文斯经常把"d"误说成是"t"，把"b"说成"p"，这在译文1中根本没有体现。在译文2中，译者抓住了作者的这种意图，在译文中故意出现了一些别字，以此来展现埃尔斯不标准的发音。所以要想成为一篇好的译文，必须做到：忠于原文的形式、内容和修辞。

3.2.1.3 语篇基调

语篇基调指谈话参加者的身份以及他们之间的关系。具体地说，谈话参加者的身份与语言交际者的家庭，社会关系、社会地位、年龄、受教育程度等方面密切相关。谈话参加者双方的关系涉及到他们之间的亲密度问题，而亲密度也不可避免地受到双方身份的影响。可以说语篇基调决定了交际过程中语言的正式度的问题，从而不可避免地影响到译文中词汇和表达的选择。首先我们先来看看19世纪英国女作家Jane Austin的名著《傲慢与偏见》开篇的一段对话中对Bennet太太的一段话的几种译文。

"Is he married or single?"

"Oh! Single, my dear, to be sure! A single man of large fortune; four or five thousand a year. What a fine thing for our girls!"

"How so? How can it affect them?"

故事发生在 Bennet 家中，贝内特先生是个中等地主，他幽默含蓄，而贝内特太太是一位势利俗气且愚钝的女人，两个人只有五个女儿。在当时的英国，他们的遗产只能由家庭中的男性成员继承。因此，夫妇俩都为女儿们的婚事操心，而贝内特太太十分神经质，一听到有富有的单身男子住进邻里，马上就将女儿们的终身幸福寄托在上面了，故事就发生在这种情景中。从这段对话中，我们不难看出原文轻松幽默的语篇基调，以及 Bennet 先生对于他的太太的玩世不恭的态度，常拿她开玩笑挖苦她。下面我们看看对其中黑体部分的几种译文。

译文一："噢！是个单身汉，亲爱的，确确实实是个单身汉！一个有钱的单身汉；每年有四五千磅的收入。真是女儿们的福气！"

译文二："哦，单身，我亲爱的，一点儿不错！一个十分富有的单身汉：每年四五千镑，这对咱们的几个姑娘是件多好的事呀！"

译文三："哦，是个单身汉，亲爱的，肯定是个单身汉！是个拥有一大笔财产的单身汉，一年的收入就有四五千英镑呢。这对我们的女儿来说，真是天赐良机呀！"

对于"fine"这个词的翻译，几个译本有不同的选择，但是谁翻译的更好就要看对于原文情景语境的把握了。上面我们说到 Bennet 太太是一位势利且俗气的女人，一听到有位富有的单身汉住进了隔壁，她的反应相当激烈。在这种情景下，我们不难看出，译文一和译文三对于"fine"的处理比较好，而译文三更好地传达出了 Bennet 太太的急迫心情，更好地体现了"fine"这个词的交际意义。

3.2.1.3.1　时间和地点

语篇基调也离不开事件发生时具体的场合和地点。在不同的场合下，译者应选择不同的表达方式。下面我们来看看摘自杨宪益和戴乃迭的《红楼梦》译文：

元妃又向其父说道：“田舍之家，齑盐布帛，得遂天伦之乐；今虽富贵，骨肉分离，终无意趣。”贾政亦含泪启道：“臣草芥寒门，鸠群鸭属之中，岂意得征风之瑞，今贵人上赐天恩，下照祖德，钟于一人，幸及政夫妇……贵妃切勿以政夫妇残年为念。更祈自加珍爱……”！

With tears she told him: "simple farmer…", with tears too he replied: “Your Subject, poor and obscure. Little dreamed that our flock of common pigeons and crows would even be blessed with a phoenix. Thanks to the Imperial favor and the virtue of our ancestors, you Noble Highness embodies the finest essence of nature and the accumulated merit of our forebears… such fortune has attended my wife and myself… your Noble Highness must not grieve your precious heart in concern for your aging parents. We beg you to take better of your own health…”

这段对话发生在“元妃来省亲”这样一个场合，可以说他们之间的对话相当正式，因为元妃来是代表了国家和皇家。虽然贾政和元妃是父女关系，但是在这个特定的场合下，他不能够以父亲的身份讲话，因为他是封建制度的卫道士。这一切决定了他们父女之间的对话只能是君臣之间的对话。所以他称自己为“臣”subject 把女儿称为“风”phoenix、“贵妃”Noble Highness 等等。译文对人物的之间的关系把握得很到位，忠实地再现了原文的情景。

再来看关于“attention”的例子。此词如果用在机场大厅，就表示“注意”，如果用在训练场，则表示“立正”。

It' s time to go aboard.

Translation 1：该上车了。

Translation 2：该上飞机了。

很明显，如果此句子用在火车站，应该译为“该上车了”，如果是在机场，则应该选择“该上飞机了”。有时候，具体的情景会决定一个词、短语或是句子的意思，所以我们要对不同的时间、地点情形下发生的事情给予高度的注意。再来看另外一个例子：

A. Run along now, children, I' m busy now.

走开吧，孩子们，我正忙着呢。

B. The audience is requested to kindly leave the room for a few moments.

请观众朋友先回避一会儿。

（李龙泉，1998）

A 中的“Run along now”与 B 中的“leave the room”表达一样的意思，都表示“让人离开”，但译者却把他们翻译成了不同的句子，因为它们发生在不同的场合下。A 发生的场合是在家中，是家长对孩子说的话，很随意，所以翻译为“走开吧”；而 B 发生在公共场合，受话人是“观众”，所以这里选用了表达尊敬意思的词语“请”和“回避”，而没有像 A 一样选用“走开”。

3.2.1.3.1　说话人和受话人

下面我们主要从两个方面来研究一下语篇基调：说话人和受话人。

1. 说话人

根据韩礼德对语篇基调的定义，语篇基调包含文本中的话语人和受话人。话语人创作文本的作者或演讲者。每个人的社会背景或是个人性格不一样，决定了每个人所使用的语言不一样，每个人的表达形式或是风格也会不一样。在翻译的过要为每个程中，译者要根据不同的话语人和不同的场合而选择不同的词汇来进行翻译。所以对于理解和翻译文本来说，掌握话语人的知识是必须的，否则就会造成对文本的误解和误译。我们来看下面的例子：

(1) A young lady home from school was explaining. “Take an egg,” she said, “and make a perforation in the base and a corresponding one in the

apex, then apply the lips to the aperture, and by forcibly inhaling the breath, the shell is entirely discharged of its contents." An old lady who was listening exclaimed: "It beats all how folks do things nowadays, when I was a gal, they made a hole in each end and sucked."

这是一个非常经典的笑话，由著名的丹麦语法学家 Jesperson 所讲述。这则笑话非常好地证明了具有不同社会和文化背景的两个话语人，她们的措辞是不同的。第一个话语人，是一个痴迷读书的学生，用许多术语解释了如何打鸡蛋和吃鸡蛋，使她的语言听起来呆板，并显得自命不凡。而第二个话语人是个受教育不多的老太太，用简单、直白的语言表述了同一过程。很明显地，源文本使两个话语人的语言各具特色，如何使这种特色在目标文本中体现出来，这就是译者需要做的事情了。来看下面两个不同的翻译版本：

译文 1：一位从学校回家的年轻女子正在解释。"拿一个鸡蛋，"她说，"在底部打一个洞，在顶上打一个相应的洞。然后用嘴在洞上用力吸，蛋壳里的东西就完全给吸空了。"一位听她讲的老太太嚷了起来："如今的人做事真奇怪，我当小孩的时候，他们就在一头打个洞，就吸干了。"

译文 2：一位刚从学校回家的女学生正在解释："取一枚鸡蛋，"她说，"在蛋的底部打一小孔，再在蛋的顶点打一对应的小孔。然后，将嘴唇置于液体之上并用嘴用力吸气，壳内之物则尽释无疑。"一位听她讲话的老太太嚷了起来："如今的人做事真叫人摸不着头脑，我做姑娘那阵儿，人们把鸡蛋一头磕一个孔，嘶溜一撮也就吃了。"

对比上文两种不同版本的译文，我们发现译文 1 没有译出其中两个说话人不同的风格，但在忠实文本的基础上，译文 2 不仅考虑到了字面意思，也译出了文本的内在深层含义。为了反映出文本中两个说话人不同的风格，译者选择了正式的语言，比如一些专业词汇，来展现第一个说话人的书生气。相反，与第一个说话人构成鲜明对比，译者选用了非正式语言来翻译第二个说话人，比如一些生活中用到了通俗词汇，“磕”“那阵儿”“嘶溜儿”。通过这种译法，译文与源文本表达了相同的效果，成为了一篇好的译文。所以，这里需要强调的是一个优秀的译者不仅要使译文与源文本在意思上保持最为接近的对等，在风格上也要对等，文本风格一般能够反映说话人的性格，指俚语、俗语或是语法错误。我们比较一下下面两个不同版本的翻译。

(2) “I kept it from her after I heard on it,” said Mr. Peggotty, “going on right a year. We was living then in solitary place, but among the beautifullest trees.”

译文：“我听到那消息后，”辟果提说：“一年来一直没有告诉她，我当时住在一个僻静的地方，周围有十分美丽的森林。”

此文本中的辟果提是一个没有受过教育的人，他并不属于上层社会，从他到处都是语法和词汇错误的话语中可以体现出来，但是译文并没有反映出辟果提这种性格特点。相反，译者重新塑造了另一个辟果提，受教育良好，善于措辞。所以译者违背了作者本来的意图。考虑到说话人辟果提的性格特征，我们更欣赏下面这篇经过修改的译文。

修改的译文：“起那时俺听了消息，”辟果提说，“瞒着她快一年了，俺们那时呆的地方挺背的，前后八方的林子说不出的最漂亮。”

在忠实文本的基础之上，修改的版本成功地反映出了说话人辟果提的性格特征，作者使用了一些北方方言，如：“起那时”，“俺们”，“挺背”和“说不出的漂亮”，这成功地表达了源文本的潜在意思，也忠实了原文。译者把源文本中的人物形象地展示在读者面前，这就是忠实文本方法想达到的目标。

在这部分，我们从说话人的角度讲述了语篇基调对翻译的影响。语篇基调的另一个组成部分——受话人（听众和读者）是否也对翻译产生一定的影响呢？如果有影响，又会以何种方式呢？在下一节我们将讲述受话人对翻译的影响。

2. 受话人

通常来说，在大部分文本中，说话人和受话人同时存在。受话人是听者或读者，是语篇的接受者。说话人和受话人的关系可以从最基本的区别来进行分析，比如：礼貌 > 口语 > 亲密，涵盖了从正式体到非正式体。在语篇翻译时，译者要求要仔细研究语篇所面向的观众，也就是受话人。在不同的上下文中，要采用亲密体、口语或礼貌体的语言来表达不同的修辞效果。以简单的符号“wife”为例，在古代时，它通指所有的女性，但在现代只指已婚女子。在把这个词汇翻译成汉语时会更复杂。就我所知，在汉语中“太太、夫人、爱人、媳妇、婆娘、内人、妻子、女人、堂客、老婆”这些词汇与“wife”都对等，所以在翻译时，在不同的时间、不同的地点，面对不同的受话人，我们选择的词汇也要不同。比如说，在湖南省会长沙“堂客”指已婚女性，但是在我国其他地方已婚女性并不用“堂客”来称呼。从这点可以看出，说话人在不同上下文中面对不同的受话人时，要用不同的措辞。为了进一步解释，我引用了霍桑《红字》中的一段文字。

(3) “Good wife”, said a hard-featured dame（夫人）of fifty, “I' ll tell ye a piece of my mind. It would be greatly for public behoof, if we women, being of mature age and church-members in good repute, should have the handling of such malefactresses as this Hester Prynne. What think ye gossips? If the hussy stood up for judgment before us five, that are now here in a knot together, would she come off with such a sentence as the worshipful magistrates have awarded? Marry, I trove not!”

Version：“婆娘们”，一位面色严厉的五十多岁老太婆先开了腔，“我要跟你们说说我的想法，要是我们这些上了年纪，在教会里有名声的妇道人家，能把像海丝特.普琳那样的坏女人处置了，倒是给公众办了一件大好事，你们是怎么想的。女人们？要是把那个贱货交给我们眼下站在这里的五个姐妹来审判，她会获得像可敌的地方长官们给她的判决，而轻易地混过去了吗？哼，我才不信呢！”

(tr. by Wang Huijun, Wang Huilin, Yi Li People' s Press)

译者在翻译过程中充分考虑到了受话人，把“wife”一词先后翻译为“婆娘们、妇道人家、女人们”，使原语言与目标语言形成对等。原语篇中的话语人没有受过很好的教育同时又嫉妒海丝特的美貌，她使用古老的英语词汇比如 trove，在现代英语中表示“信任”。为了表达她对海丝特的蔑视，她把海丝特叫做 hussy，充分地表达了展示了她嫉妒的心理。译者充分考虑到了语篇基调的作用，根据上下文语境成功地把 hussy 译为“贱货、坏女人”。

话语人和受话人关系在翻译中作用不仅在语篇翻译中有所体现，在日常口语交际中也同样适用。只要把语篇放于具体的情景语境中，我们就要不断改变基调，不管是出于什么目的。只有这样，目标语篇与原语篇才会出现真正意义上的对等，而不仅仅是字面意思上的对等。

3.2.2　文化语境

张德禄认为，文化语境是整个语言系统的环境，对语言系统起决定性作用。它指的是原语和目的语所依附的历史、文化、社会背景。它涵盖的因素非常宽泛，包括语言使用者所处的历史背景、社会政治环境、地理环境、宗教信仰、文化传统、风俗习惯等一系列因素。因此，译者在翻译中要充分考虑文化语境因素，努力扩大知识面，使自己对原语和目的语文化有全面的认识和了解。例如，在莎士比亚时代的作品中许多词语的意义与现今的意义已经不同，如 deer 在当时泛指动物，而不专指“鹿”；meat 泛指食物，而不专指“肉类”；dear 是痛恨之意，和现在的意义“亲爱的”截然相反。如果对这些词义的转变不了解，就很可能会造成错译或误译。再比如，一些风景导游之类的英文小册子将苏州的“寒山寺”译成“Temple of Cold Hill”，将杭州的“虎跑泉”译成“Tiger Running Spring”。实际上，“寒山寺”是因唐代一位名叫“寒山”的高僧曾居于此而得名，而根据历史典故，“虎跑泉”是因唐代一高僧曾见二虎在此“跑地作穴”而得名。因此，两景点可分别译为“Hanshan Temple”和“Tiger Dug Spring”。由于社会文化语境太博大精深，我们这里分几个方面来讨论。上文提到影响翻译的社会文化语境主要包括价值观念、信仰态度、认知方式、文学传统、意识形态、民族习惯、时代环境、地理环境等。

3.2.2.1 社会习俗

习俗是一种社会现象，也是民族文化的重要组成部分。它是由整个社会公民共同形成的，成为一种人们生活的一种标准或规则。不同的习俗会使人们形成不同的思维模式。即使相同的观念，不同习俗的人也会有不同的表达方式。所以社会习俗的不同很容易给不同文化下的人带来误解，对于译者更是如此，如果不深入了解原语言和目的语言的文化，在翻译中出错是不可避免的。

3.2.2.1.1 民族传统

如：《翻译的语境视角研究》阿舒已二八，徽惰故无匹。雍端年十三，不识六与七。（陶潜，“责子”）

“年方二八”是中国介绍年龄的一个传统说法，所以中国的读者会非常熟悉“二八”所代表的年龄，但是国外的翻译人员就很难把握其真实的年龄了。比如：Arthur Waley 曾把它翻译成 18 岁，会让人贻笑大方。Charles Budd and Glays M. Taylor 把它译为 16 岁，这很简洁也很准确。许渊冲教授把它译为“twice eight ”，这很好地展示了中国计算年龄的方法。相似地，当遇到句子“不识六与七”时，三个外国译者全都感到困惑不已。Arthur Waley 把它译为“It does not know ‘six from seven' ”；

Charles Budd 译为“He can' t discriminate /the figures six and eight”，很显然 Charles Budd 认为这里“六”与“七”表达相同的意思；而 Glays M. Taylor 译为“To count to six or seven do not know”。每个人都认为自己恰当地把它译成了目标语言，但“不识六与七”不是一个单独的句子，它与前面“雍端年十三”是紧密联系在一起的。因此“不识六与七”真正的意思是“six plus seven”，相加的结果是“十三”，是“雍端”年号的一个回应。中国的译者在懂得背景知识的前提下，译得就非常到位了，许渊冲教授把它译作“don' t know how much six plus seven”，既表达此句子真正的意思，也与源文本相对应。

3.2.2.1.2　礼节

礼节是一种文化社会行为模式最直接的反映。在整个世界范围内，人们都遵守一定的礼节，但是不同的文化下，礼节的内容是不一样的。我们来看一下中国和西方关于打招呼和再见的礼节，这个问题便可清晰明了。想要缩小中西方文化差距的译者在翻译时要特别注意这个细节。传统上讲，中国人与朋友或是熟人打招呼说“吃了吗？”或“到哪儿去啦？”，但是同样的情形西方人会说“Hello!” Hi! “Good morning！”“Nice day, isn' t it”之类的话。当碰到一个旅游归来的朋友时，中国人会礼节性地说:“您辛苦了！”，但西方人却会说“Did you enjoy your trip?”或“Did you have a nice trip?”还有当两个人初次见面时，中国人是没有特别的表达方式的，但是西方人却不同，他们通常会说“Glad to meet you”。当分别时，西方人习惯说“Nice meeting you”或“It' s nice to have met you（很高兴见到你）”。而在中国，当客人要离开时，按照礼节，客人应该对主人说“请留步”“请回吧”，主人应该说“慢走”“走好”“慢点儿骑”“路上小心”等等。在现实生活中，这些也不一定需要全部按字面意思翻译，往往对西方人来说一个微笑或挥手的姿势就足够了。

从上面的讨论中可知，我们无论出于什么文化之中，一定要留心此文化中表达礼貌的行为方式，因为礼貌是社会交际中最基本的元素。在中国文化中，由于受到孔子思想的影响，中国人习惯用意义丰富的句子或短语来表示礼貌。下面举一个广泛使用表示自谦的词“不敢当”为例。翻译成什么样的英文要由具体的语境来决定。如果是对非常礼貌的评价或要求的回答，比如“请您指教”，就应该翻译成“Thank you”或“I will be glad to”或“I' m honored, but I' m not sure I' m the right person”。如果是回答表扬或称赞，如“You are one of the top experts in the field”，“不敢当”就应该译成“Not really” or “It' s such a small field”。如果是对“That was a wonderful speech and I found it very stimulating”类似评论的回应，“不敢当”相应地就应该译成“It' s very kind of you to say so”或直接说“Thank you”。汉语和英文蕴含着很大的区别，“Thank you”隐含着对称赞的接受，而“不敢当”则意味着话语人觉得自己不配这样的称赞。如果译者不能真正理解中英文文化的差异，翻译时就很难译出原语篇所表达的真正的意思。比如“哪里，哪里！”与英文中的“Where, where?”是不相对应的。具体的翻译一定要根据语境随时做出调整，这就需要译者对中西方的风俗习惯都有所了解。

称呼的方式与良好的礼节也有密切的关系。在西方社会中，无论年龄或社会地位如何，人们都可以直接称呼第一个名字，有时甚至儿子也可以叫爸爸的第一个名字。但在中国，却有很多种称呼如“鄙人”“犬子”“令千金”“尊夫人”“贤弟”等等。这些都是表达尊他或自谦的称呼，但在翻译过程中却造成了巨大的麻烦。如果只考虑到忠实原文的原则，这些词汇可以简单的被译成英文“I”，“my son”，“your daughter”，“your wife”和“you”，但却没有表达出源文本中隐藏含义。

3.2.2.1.3　家族称呼术语

除了这些表达方式的不同，家族称呼术语也是翻译过程中的另一个障碍。一方面，中国是一个古老的、文化积淀很深的国家，经历了很长时间的封禁社会，形成了几代人住在一起的大家族的特有历史现象，所以家族成员之间的称呼相应地变得非常复杂。比如说：对父亲亲戚的称呼与对母亲亲戚的称呼是完全不一样的。

另一方面，西方人重视自我独立，成年的孩子通常要自己独立生活，并组建自己的家庭，所以在西方，小型家庭成了社会的基本组成元素，家庭成员很少，亲戚之间的关系也就略显得疏远些。这也就说明了为什么西方社会家族成员称呼比较简单，没有男女之、尊卑、父方母方之分。说明这种现象最好的例子就是"cousin"这个词，一个单词却对应汉语中8个不同的称呼——表姐、表妹、表哥、表弟、堂姐、堂妹、堂哥、堂弟。面对错综复杂的称呼，译者在翻译过程中 一定要找到目标文本中等同的那个词语。来看下面的例子：

ST：正是呢！我一见了妹妹，一心都在她身上，又是喜欢，又是伤心，竟忘了老祖宗了，该打，该打！（曹雪芹 & 高鹗，1992：25）

TT：I was so carried away by joy and sorrow at sight of my little cousin. I forgot our Old Ancestress. I deserve to be canned.（Tr. 杨宪益 & 戴乃迭，1978：39）

这是《红楼梦》中节选的一句话。其中"妹妹"的字面意思是"a younger sister"，但如果这样译，就错了。因为此处的"妹妹"指的是林黛玉，她是说话人王熙凤的表妹。"老祖宗"译成"Our Old Ancestress"很到位，既显示了她在家族中高高在上的地位，又表达了王熙凤对她的尊敬和奉承。

3.2.2.1.4　习语

在社会习俗里面，习语（idiom）是翻译的另一个障碍。每种文化中都蕴含了大量的习语。广义上讲，习语包含固定搭配、谚语、语录、俗语、俚语。这些词语通常都很形象、简洁、意义深远。它们在一定程度上了反映了所在文化的核心或是文化的韵味。看下面的例子：

I think he was married and had a lioness at home.

毫无疑问，“the lioness at home”指的是他的妻子。这运用的是暗喻的修辞手法，把妻子比喻成母狮子。为了明白作者的本意，译者就要很好地理解“lioness”这个词语。实际上在西方，如果说明一个人很强势，处于统治地位，他们用“lion”或“lioness”，就像在中国我们用“老虎”表示万兽之王一样，他们用“狮子”表达同样的意思，比如英国的别号就是“the British Lion”。所以如果把这句话翻译成汉语，用“老虎”替代“狮子”是符合中国文化习惯的，整句话译为：“我想他已经结婚，太太又是一个母老虎。”（何自然，2003：191）另外一个例子：“热锅上的蚂蚁”被大多数的中国人使用，表示内心非常焦急。但在翻译成英文时，如果译成“the ant on the hot pot”，西方人就会困惑不解，不明白什么意思，这就没有达到功能对等。相反，如果译者把它译作“the cat on the brick”，西方人就会非常明白其表达的含义了。

此外，通过习语可以看出中西方文化对待动物的态度。全世界的人都在保护动物，但是中西方对某种动物的喜爱或讨厌程度是不同的。

在西方，狗是主人的同伴，它们与主人一同狩猎，它们为主人看守家园。它们在于主人一起旅行时，可以住在专门为他们设立的宾馆里，过着舒适且近乎奢华的生活。在英语中，有很多关于狗的习语，比如：lucky dog（幸运儿），a dog like affection（忠实的爱），gay dog（快乐的人），every dog has his day（凡人皆有得意时），dog doesn' t eat dog（同类不相残）。所有这些习语都表达了一种称赞之意，所以在翻译它们时，就要精心选择与他们对等的表示称赞之意的词汇。然而在中国，狗是被人们贬低的形象，比如我们说“狗仗人势”（like a dog threatening people on the strength of its master' s power—to be a bully under the protection of a powerful person），“狗尾续貂”（to use a dog' s tail in place of sable—a wretched sequel to a fine work），“狗嘴里吐不出象牙”（a dog mouth emits no ivory—a filthy mouth can' t utter decent language）。这些都表示了贬损的意思，所以中西方眼中的“狗”是不对等的，我们在翻译时，要选择意义对等的词汇，而不能直译，否则就会出现意思上的偏差。

3.2.2.2 宗教文化

宗教（Religious Culture）是文化的重要组成部分，它反映了不同的宗教信仰理念、宗教意识、宗教崇拜和宗教禁忌。西方人信仰基督教已经有 2000 年了。在中世纪时，基督教是英国的国教，即使在现代社会，血多西方人仍旧信仰基督教，相信上帝。对于美国人而言，这不仅仅是一种宗教信仰，而是把美国生活各个方面紧密连接在一起的精神。他们在出生日、结婚日和死亡日都要举行宗教典礼，甚至他们传统的价值观都是来自于宗教。而中国人崇尚佛教，其教义深入人心，它对中国文化和语言都产生了深远的影响。即使在现代社会，部分人也深信人是有前世、今生和来世的，这成为特殊的中国文化。

在西方，与上帝有关的短语或是表达数不胜数，比如：“God! / Goodness me!”“My God!”（表达一种吃惊、惊诧或是震撼之情）“For goodness' sake!”“God bless you!”（上帝保佑你）“God help those who help themselves”（上帝帮助自助的人），“put the fear of God into sb”（使某人非常害怕），“in the lap of the Gods”（难以预料）等。相似地，佛教和道教对汉语和中国人产生了重要的影响。在汉语中，也有很多关于宗教的表述，“菩萨心肠”（kind-hearted and merciful）和“阿弥陀佛”（prayer—may Buddha protect us）“放下屠刀，立地成佛”“佛法无边，普渡众生”“平时不烧香，急时抱佛脚”等。

但在中西方人眼中的“God”是不一样的。西方人认为 God 是耶稣，是耶稣创造了整个人类，是耶稣在保护着整个人类的安全，所以他们信仰耶稣，他们结婚时要去教堂，要在耶稣的见证下结为夫妻。而中国人认为最有神力的 God 是“天”。中国的统治者是“天子”，他们是替“老天”

执行责任的人。有时候，老百姓还认为他们的命运是“老天”安排好的，所以中国人在结婚时要对“天”和“地”施叩拜之礼。所以当把“God”翻译成汉语时，我们都译为“天”。例如：

源文本：“谋事在人，成事在天”，咱们谋到了，靠菩萨的保佑，有些机会，也未可知。（曹雪芹 & 高鹗）

目标文本：“Man proposes, Heaven disposes.” Work out a plan, trust to Buddha, and something may come of it for all you know.（Tr. 杨宪益 & 戴乃迭）

对“谋事在人，成事在天”最初的翻译不是上面那样的，而是“Man proposes, God disposes”，但是对源文本的文化语境仔细研究过之后，译者做了一定的调整才成为目标文本中所译的那样。源文本节选自《红楼梦》，文本的说话人刘姥姥是中国典型的乡下人，如果译成“Man proposes, God disposes”，隐含着刘姥姥虔诚地信仰基督教之意，这就会让人觉得很滑稽，一个中国封建社会乡下的老太太怎么会信仰基督教呢？她根本不知道基督教才更为合理。

在中国，“神仙”是中国文化特有的产物。老百姓们都羡慕“神仙”的快乐生活。而在英语中，由于宗教信仰不同，没有“神仙”之类的东西，也就找不到对等的词语。所以“快乐似神仙”通常被转义为“as happy as a king”，而“美若天仙”被译作“as beautiful as a picture”。由于宗教信仰不同，在翻译时引起如果直译而造成误解的例子数不胜数。在中国有这样的成语“望子成龙”，如果我们把它直译为英文“to expect one' s son to be a dragon”，西方人肯定会感到费解。因为在西方，龙是一种凶猛的动物，可以口吐火焰。但是在中国，龙被看作是圣物，甚至是民族精神所在。它是一种神秘的动物，能够喷云吐雾。由于古代的帝王都把自己看作是龙的化身，它便成了一种权利的象征。到此我们明白了“望子成龙”寄托了父母期望子女将来能够获得成功，能够成为大人物的美好愿望。

再来看另外一个例子：

源文本：If we try to implement these harebrained ideas (that English should be replaced by Hindi and the 15 recognized state languages), India will become a Tower of Babel.

TT：如果我们试图实行这些轻率而愚蠢的主张，以印度语和其他十五种官方承认的各邦语言取代英语的话，印度就会因语言的纷杂而乱成一团。

（包惠南，2001：259，262）

在这句话中，“a Tower of Babel”（巴别塔）是圣经故事中的一座塔，此塔准备修建在巴比伦的首都巴别，作为到达上帝宫殿的直接通道。上帝知道以后，非常愤怒，决定通过使修建工人彼此间语言不能交流而阻止这个计划。由于这个原因，这座塔没有继续修建，而“a Tower of Babel”（巴别塔）也就代表着语言障碍。在此例子中，显然作者是明白巴别塔的内在含义的，否则直译成“巴别通天塔”，便会造成句意不通。

通过上述分析可知，宗教因素很难翻译。宗教是在特定情境下形成的，翻译时译者必须注意不同价值观之间的区别，必须深入原语篇的宗教文化中去，了解它在上下文中真正的含义。也许有些词汇在两种不同的文化中没有对等的词语，此时就要求译者在目标语言中寻找意义对等的词汇，进行意译，要根据具体语境做出必要的调整。

3.2.2.3　自然地理环境

自然地理环境也是一个民族文化形成和发展的重要因素。生活在不同国度、不同地区生活的人们有着迥异的语言使用习惯，即使在同一个国家，地区不同，人们使用的语言也不尽相同。这些因地区而产生的语言习惯上的不同要求译者在翻译的过程中充分考虑地区特征因素，选择正确的词汇，根据具体的情景做出合理的调整。来看下面的例子：

比如：英国是一个被海包围的岛国，人们常年生活在沿海地区，他们依赖着大海生存，他们是那么熟悉大海，与大海的关系是那么亲密，所以他们很多语言都和水或是海有关就不足为奇了。比如，“a sea of debt”（大量债务），“a sea of smiles”（无数的笑脸），“be at sea”（困惑，茫然），“half seas over”（醉酒）。相反，中国的大部分城市都是远离海洋的内陆城市，尤其是在古代，人们都生活在陆地上，对海洋了解甚少，久而久之对海洋产生了一种神秘的情感。所以好多汉，尤其是成语中的“海”并不直译成“sea”，如：“海誓山盟”（make a solemn pledge of love），“海外奇谈”（a fantastic tale），这两个成语中的“海”均没有译成“sea”，而是分别译成了“solemn”和“fantastic”，这更符合目标语言国家的文化。

我们再来看这个例子：

Tom is between the devil and the deep sea.

汤姆进退维谷。

这里“devil and deep sea”为什么要译成含义“维谷”，也和中古的自然地理环境相关。上段提到古代中国大部分人都生活在内陆，主要以农业为生。所以他的语言与“谷”联系起来也就顺理成章了。好多汉语不仅与“谷”联系在一起，还和“土、树、花、草”相关联，因为人们在进行农业生产时，处处离不开这些东西。“土崩瓦解”（to collapse like a house of cards），“挥金如土”（to spend money like water），“土里土气”（rustic），“土话”（local dialect），“土包子”（clodhopper），“客土”（foreign land）。这次词语均与“土”相关，但大部分并不值真正的“land”，所以我们在翻译时要注意这一点，否则就会迷惑不解。

除了上面讲述到的与自然地理环境相关的词，有些时候一些表达特殊含义的地理名称也很难在目标语言中找到对等的词汇。比如，英文中有句很常用的句子“to carry coals to Newcastle”，其中“Newcastle”很容易查明是英国的一个城市，但我们如果直译为“把煤运到纽卡斯尔”，对于大部分中国人来说，还以为是纽卡斯尔这个城市缺煤，要把煤运往那里。如果这样理解就大错特错了。了解英国地理的人应该知道，纽卡斯尔这座城市靠近煤矿，煤资源是非常丰富的，怎么会缺少煤呢？这就和汉语中的“把槟榔运到广州”一样，广州盛产槟榔，却非要把槟榔从外地运往广州，表达一种不必要的举动。虽然“to carry coals to Newcastle”和汉语中的“把槟榔运到广州”表达意思一样，这样译也不适合，因为只有中国人才能“把槟榔运到广州”明白这句话的真实意思，它也受一定文化的限制。所以我们把它意义为“多此一举”会更好一些，通俗易懂，又符合文化语境。

自然地理环境是我们理解异国文化语言的重要因素。我们在翻译过程中，一定要明白其真实含义的基础上，适时做出调整，否则就会造成交流障碍。

3.2.2.4 历史背景

许多的情形下，人们在说话或是写作时会用到一些引用。引用的内容可能是历史、传说、寓言故事、文学中的一些人物和事件，这些引用使语言更加丰富，交流更加形象。其中涉及到历史的引用，指的是反映民族特色或文化信息、展示独特历史背景的事件或人物。这就要求译者在翻译时对这些有民族特色的历史事件或人物不能直译，而且要给出进一步的解释，否则那些对目标语言的文化背景知之甚少或一概不知的读者阅读起来，就会满脸茫然，不知所云了。

3.2.2.4.1 古希腊、古罗马文化

英文的神话或习语通常来自于圣经或是古希腊、古罗马文化。比如，“a Pandora' s box”就应该给出进一步的解释。“潘多拉之盒—灾难、麻烦、灾害的根源”指看上去有希望却引起灾祸的礼物或者其他礼品，在希腊神话中第一个妇女潘多拉因受惩罚，被众神贬下凡间，宙斯（希腊神话中的朱庇特）给他一个盒子，让她带给娶她的男人。当盒子最后打开时，

所有的罪恶、不幸、灾难等都跑了出来，从此给人类带来无穷的祸害；“Prometheus”指的是英雄形象，Prometheus 是宇宙之神宙斯的儿子，普罗米修斯为了造福整个人类，违背了宙斯的禁令，盗取了天火，赐予人类。宙斯大发雷霆，把它束缚在高加索山崖，遭受神鹰啄肝脏之苦。他最终成为了一位神话英雄。

罗马、希腊文化是丰富多彩的，涉及的典故也是处处可见。如 *Sword of Damocles* 就是出自古希腊的一则历史故事。纪元前四世纪在西西里道上叙拉古的统治者狄奥尼修斯一世（406—367 BC.）有个宠臣叫达摩克里斯，他很羡慕帝王的豪华生活，常说，“君王是人世间最幸福的人。”狄奥尼修斯为了教训这个觊觎王位的宠臣，在一次宴会上，要他坐在国王的宝座上，当达摩克里斯猛然抬头时，看到头顶上有一把用头发悬着的宝剑，随时都有刺到头顶的危险。他如若针毡，惶惶不安，提心吊胆。由此产生了“达摩克里斯的宝剑”这个典故，用来指大祸临头或迫在眉睫的危险。

3.2.2.4.2　历史事件

各种文化都经历了漫长的历史，其中出现过很多重要的历史事件，后人常用简洁的语言来讲述这些历史事件，久而久之这些简洁的表达方式就出现在人们的交流中了。

比如“meet one' s Waterloo”就涉及历史事件。拿破仑是法国杰出的帝王，他打算把这个欧洲都置于他的统治之下，从 1803 到 1814 年间发动了一系列与欧洲各国的战争，在刚开始的战役中，拿破仑取得了很多次胜利。随着欧洲各国结成联盟，法国军队逐渐受到了一些挫折。在 1815 年 6 月 18 日，在比利时的一个城市滑铁卢，拿破仑的军队被英国威灵顿带领的军队打败了，拿破仑必须撤回巴黎并永久地放弃统治欧洲的计划。根据历史背景知识，“meet one' s Waterloo”表示完全被打败或是遭受毁灭性打击，所以应译成汉语“遭到惨败”或“遭到毁灭性打击”。

再比如“东施效颦”，如果译成“Tung Shih imitates Hsi Shih”，多数外国读者就会感到困惑不解，谁是东施，谁是西施，为什么东施要模仿西施？模仿了又会怎么样？如果简单地译作“Tung Shih imitates Hsi Shih”，此成语所表达的讽刺效果就一点也没有体现出来。西施是春秋时期越国的一位美女，有沉鱼落雁之容，闭月羞花之貌。她的一举一动都十分吸引人，只可惜她的身体不好，有心痛的毛病。有一次，她在河边洗完衣服准备回家，就在回家的路上，突然因为感到心口疼痛，她就用手扶住胸口，皱着眉头。虽然她的样子非常难受不舒服，但是见到的村民却都在称赞说她这样比平时更美丽。同村有位女孩叫做东施，因为她的长相并不好看，她看到村民都在夸赞西施用手扶住胸口、皱眉头的样子很美丽，于是也学则西施的样子扶住胸口，皱着眉头，在人们面前慢慢行走。她本来就长得很丑，再加上刻意地模仿西施的动作，装腔作势的怪样子，让人举得很讨厌。所以后来这个典故就用来讽刺那些不研究实质内容，只单纯地效仿表现形式的人。至此可以给出如下解释：“Tung Shih imitates Hsi Shih (Hsi Shih was a famous beauty in the ancient kingdom of Yueh. Tung Shih was an ugly girl who tried to imitate her way.)”

3.2.2.4.3　文学作品

很多历史背景来自于文学作品，有的是原封不动的摘引，有的是为了表达简洁浓缩而成。“a Catch–22 situation”来自于美国著名作家约瑟夫·海勒的成名作《Catch–22》。故事发生在地中海的一个小岛上，第二次世界大战末期，美军的一个飞行大队驻扎在该岛上。按照一般规定，飞满规定次数的飞行员可以回国，但第 22 条军规规定无论何时，必须执行司令官命令做的事情，只有疯子免于飞行。飞行大队德尔指挥官一次次增加飞行任务，远远超出了一般规定。飞行员都得了恐惧症，变得疯疯癫癫。在求生欲望下，一个上尉尤索林在战斗中只想逃跑。他找到一个军医帮忙，证明自己疯了。但军医告诉他，虽然按照所谓的“第 22 条军规”疯子可以免于飞行，但同时又规定必须由本人提出申请，而要是一旦提出申请，便证明你并未变疯，因为“对自身安全表示关注，乃是头脑理性活动的结果”。这样，这条表面人道的军规成了要弄人的圈套。应该被译作“左右为难的局面”。

3.2.2.4.4 寓言故事

在历史的发展过程中，也积累了一些寓言故事。寓言是用假想的故事，以拟人的手法说明某个道理或教训的文学作品，常常有讽刺或者劝诫的性质。如：“守株待兔”是中国有名的寓言故事，按照字面意思可以译作“stand by a stump waiting for haves to come and dash themselves against it”，但只看这句话，外国读者是不会明白其内在的含义的，这就需要译者进一步解释。

宋国有个农夫在田里翻土，突然，他看到一只野兔从旁边的草丛里慌慌张张地窜出来，一头撞到田边的树墩上，农夫过去一看，兔子死了。因为奔跑的速度太快，把脖子都折断了。农夫高兴极了，他一点力气没花，就白捡了一只又肥又大的野兔。他心想要是天天都能捡到野兔，日子就好过了。从此，他再也不花力气种地，整天坐在树墩前等着捡野兔子。这个寓言讽刺那些抱着侥幸心理妄想不劳而获的人。所以这句话可以另译作“waiting for gains without pains”。

这样的例子数不胜数，大家都很熟悉“班门弄斧”这个成语，把它翻译成英语中的俗语“Never offer to teach fish swim.”能在意思上对等吗?为了回答这个问题，我们要找到“班门弄斧”的典故。“班”指的是鲁班，他是中国史上木匠的祖师爷，所以“班门弄斧”指的是在一个专家面前卖弄自己并不精湛的技术，有时候也用来贬低自己抬高别人。而“Never offer to teach fish swim”一方面与“班门弄斧”展示的形象不同。另一方面，“Never offer to teach fish swim”只是指一种多余的行为:想教对方一些技术，尽管很明显地显示对方对此技术的掌握和运用比自己还要好。所以这两个谚语不能互译。这个句子“先生大名，如雷贯耳，小弟献丑，真是班门弄斧了”可以从语用的角度翻译成如下的句子：“Your great name long since reached my ears like thunder. I' m ashamed to show off my incompetence in the presence of an expert like you.”

3.2.2.4.5　传说

传说是民间人们口头流传下来的关于某人或某事的记载。如“Gordian knot”，戈耳迪（Gordius）是小亚细亚佛律基亚（Phrygia）的国王，传说他原先是个贫苦的农民。一天，他在耕地的时候，有只神鹰从天而降，落在他马车的轭上，久不飞走。戈耳迪就赶着马车进城去请求神示。

其实，佛律基亚的老王突然去世，一国无主，上下动乱不安。于是人们请求神示谁来做国王。神示说：“在通向宙斯神庙的大路上，你们遇到的第一个乘马车的人就是新王。”恰好这时戈耳迪正乘着牛车赶往宙斯神庙，人们看见巍然屹立在车轭上的神鹰，认为这是掌握政权的象征，就一致推举戈耳迪为国王。戈耳迪当了国王后，就把那辆象征命运的马车献给宙斯放置在宙斯庙中。他用绳索打了个非常复杂的死结，把车轭牢牢地系在车辕上，谁也无法解开。后来“Gordian knot”指代难解的结，难题，难点。又如 swan song，据说天鹅将死前发出的声音是最动听的，流露出对生的留恋，对死亡的忧伤。

因此西方各国就用 swan song 来比喻某诗人、作家、作曲家临终前的一部杰作，或是某个演员、歌唱家的最后一次演出。此类的传说很多，Greek Gifts（阴谋害人的礼物）、leave no stone unturned（千方百计地）等等。

通过上述分析清晰地知道，文化在翻译过程中起到了重要的作用，翻译不仅是一个涉及双重语言也是一个涉及双重文化的活动。为了能减少由于文化差异带来的障碍，译者在翻译过程中一方面要尽量保持源文化的特色，另一方面也要解释其语用意义，使目标语言的读者能够接受。

但相比之下，目标读者能够读懂略显得更为重要。简而言之，译者在翻译过程中一定要了解目标语言文化，采取直译加注释或意译的方法，使原语言的信息得以充分地表达。

3.2.2.5 认知方式

认知是人脑的一种功能，是人脑对客观世界的反映，是人类对客观世界的认知能力。人类思维不仅具有共性，也具有自己鲜明的特点，即个性。这种个性，突出地反映在人类语言表达形式上的差异，正是这种思维个性所形成的语言形式上的差异构成了不同民族之间交往的障碍。卡尔·普利布兰姆在《思维方式之矛盾》中指出；“世界各民族之间的相互理解与核膜的关系之所以受到阻碍，不仅是由于语言形式的复杂多样，更是由于思维模式的差异——就是说，是由人们确定知识来源和进行有条理思维方法上的差异所造成的。”（《文化翻译学》王秉钦，南开大学出版社，1995 年 6 月，第 13 页）这里所说的思维模式即认知方式，指认知主体获取、加工和输出信息的方式。

东西方的认知方式由于历史、宗教、习俗等不同也存在一定的差异，可东西方民族在思维方式上的差异究竟在哪里呢？季羡林先生在《神州文化集成序》中指出：“东西两大（文化）体系有相同之处，也有相异之处，相异者更为突出。据我个人的看法，关键在于思维方式：东方综合，西方分析。”贾玉新先生认为，西方民族的思维模式以逻辑、分析、线性为特点，东方民族的思维以直觉的整体性与和谐的辩证性著称于世。“西方人见长于分析和逻辑推理，因此思维模式呈线性；而东方人长于整体式，他们富于想象和依靠直觉，因此可以讲是一种圆式思维模式。”（参见贾玉新，《跨文化交际学》，上海外语教育出版社，1997 年 9 月，第 98 ~ 100 页）。其他学者还从本体论等角度进行分析，这些分析有助于我们更好地认识和理解东西方的认知方式。从语言逻辑思维角度看，东西方思维的差异主要表现在以下几个方面：

3.2.2.5.1　抽象认知与具体认知

东方重抽象、重整体效果的思维方式形成隐伏型的思维模式，使说话比较含蓄，逻辑性不强。而西方重具体的结果是使他们形成直线型的思维模式，使说话比较直接，不喜欢拐弯抹角，思维逻辑性比较强。

这样英汉翻译时要注意把握其逻辑关系，汉译英时要考虑西方读者的思维方式。表达得过于含蓄就会造成信息传达的失败。例如李清照的《声声慢》："寻寻觅觅，冷冷清清，凄凄惨惨戚戚，乍暖还寒时候最难将息。"

有人曾译作：

Seek, seek; search, search;

Cold, cold; bare, bare;

Grief, grief; cruel, cruel grief;

Now warm, then like the autumn cold again,

How hard to calm the cold.

若对比一下就可以发现：原文写得比较含蓄，通过一系列叠词、看似散乱的句子，把诗人那清冷无依、缠绵悱恻、若有所失的孤独心境表达得淋漓尽致。而英文译文，虽然字面上一一对应，但失去了原诗的神韵，原诗的意思也没能传达出来，西方读者看了一定会觉得莫名其妙。所以翻译中国的作品，尤其是诗，最好从整体来把握，不要断章取义。许渊冲先生就注意了诗的整体效果，把该诗翻译如下：

I look for what I miss,

I know not what it is,

I feel so sad, so drear,

So lonely, without cheer,

How hard is it,

To keep me fit,

In this lingering cold.

从徐先生的译文可以看出，徐先生不仅在理解诗时注意了汉语的思维方式，在译诗时也考虑了西方读者的思维模式，把原诗蕴含的感情直接翻译出来了。虽然失去了原诗的含蓄之美，但有利于用直线型思维模式思考问题的西方读者对该诗的理解。

3.2.2.5.2　综合认知与分析认知

综合型认知和分析型是人类思维的两种基本形式。所谓分析，就是把事物的整体分解为许多部分，越分越细，这样能很好地观察事物的本质，但往往只见树木，不见森林。所谓综合就是把食物的各部分联成一气，使之成为一个统一的整体，强调事物的普遍联系，既见树木，又见森林。傅雷，中国有名的翻译学家，曾经说过，“中西方的思维模式有着根本的区别，中国人侧重概述，概述和暗示，而西方人则侧重于分析和准确。”

这两种不同的思维模式，对英汉语的结构形态产生了不同的影响：综合型的思维方式使得汉语无词形的变化，语法的形式的表达主要依据词汇手段，组词造句完全依据语义逻辑和动作发生的时间先后。句中词汇和分句的排列顺序，我们管它叫做重意合（parataxis）；分析型的思维方式使英语具有明显的词形变化，形式多样的语法形式和组词造句中较为灵活的语序结构，这个被称作重形合（hypotaxis）。

相应地，汉语句子中的主语通常被省略掉，因为能够从上下文句子中推断出来，但是在翻译成英文时，必须把主语补充上，因为英文句子只有主语和谓语都存在，才算是完整的句子。我们通过下面的例子进行说明。

源文本：黑漆漆的，不知是日是夜。

目标文本：Pitch dark, I don' t know whether it is day or night.

源文本：袭人道：“一百年还记着呢！比不得你，拿着我的话当耳边风，夜里说了早起就忘了。”（《红楼梦》）

目标文本：“I remember if I live to be a hundred” said Aroma, “I' m not like you, letting what I say go in at one ear and out at other. What' s said at night forgetting the next morning."

此两个例子都充分说明了中西方语言文化的差异，源文本中均没有主语，各个成分按照句意连接在一起，而目标文本句子的各个成分按照语法规则紧凑地组合起来，比源文本中增加了主语“I”，连接词“if”和“whether”，用形容词短语和分词短语明确句子成分，其中“pitch dark”为形容词短语作状语，“letting what I say go in at one ear and out at other”为现在分词短语做状语，起到解释说明的作用。

再来看下面的例子：

源文本：干得很顺手，上汽车不到三分钟，一个钱包就到手了，鼓鼓囊囊的，看来里面钱不少。

目标文本：In three minutes *after* he stepped on the bus, *he* had succeeded in pilfering（偷盗）a very full money purse.

（朱徽，教学资料）

文本是一个典型的重意合(parataxis)的句子，整个句子没有一个主语，完全是根据句意和时间先后顺序整合在一起。但在目标文本中，译者加入了关联词“after”和主语“he”，使整个句子更加紧凑，更加具有逻辑性，更加符合目标语言的使用习惯，成为一个不折不扣的重形合（hypotaxis）的句子。译者在翻译此文本时，很好地注意到了中西方认知方式对语言所造成的影响。

3.2.2.5.3　顺向思维和逆向思维

不同的民族，在观察某些事物现象时，所取的角度及思维的方向有时是极不相同的，甚至描述同一件事情、行为或现象也会大相径庭，甚至相反。比如，表示时间先后顺序的“before 和 after”，表示过去和将来的时间状语“back 和 ahead”，在英美文化和汉语文化中的使用是不同的。中国人处于礼貌在请对方先走、先吃、先做某事时常说：“您（先）请！”

与此相反，英语里的习惯说法却是“after you！”。

表达完全相同的动作，却用了表意完全相反的词汇，这是由中西方思维方式不同造成的。中国人习惯于面对着过去，已经发生的事情正对着他，而即将发生的事情处于他的身后。而西方人的思维是完全相反的，即将发生的事情是“前”，已经发生的事情是“后”。唐代文学家陈子昂在《登幽州台歌》中写道：“前不见古人，后不见来者，念天地之悠悠，独怆然而涕下。”。诗中“前”和“古人”对应，“后”和“来者”对应，正好说明了中国人是面向过去来区分时间先后的。

我们来看两个例子：

源文本：但是我们说到故事的后面去了。

目标文本：But we are getting ahead of the story.

源文本：The verbs in hypothetical conditional clauses are backshifted, the past tense form being used for present and future time reference and the past perfective form for past time reference.（《英语语法大全》，第 1393 页）

目标文本：假设条件从句中的动词是前移的，过去时形式用来指现在和将来的时间，过去完成体形式用来指过去时间。

其中“后面”和“ahead of”，“backshifted”和“前移”是对应的，在翻译时不能按照字面意思译，要考虑到中西文化在思维方式上的差异，否则肯定会造成误译。

在日常生活中常见的“四面八方”地理方位的表达习惯上也同样存在着思维方式的区别。在表达方位时，中国人习惯于先说横向方位，再说纵向方位，涉及纵向方位时，中国人习惯先说“南”，后说“北”。而西方人的思维习惯却不是这样的。他们眼中方位名称表达的顺序应该是这样的：North, South, East, or West。其他四个方位的准确表达应该是northeast, southeast, northwest 和 southeast，这样才符合西方人的说话习惯。例如，毛泽东有句诗词“一桥飞架南北”，按照西方人的思维习惯应该译为“A bridge will fly to span the north and south.”如果在翻译时，按照汉语的思维译作“A bridge will fly to span the south and north.”就成误译了。相似地“转战南北”，也应该译作“fight north and south”而不是“fight south and north”。

其实英汉思维方式的区别还存在于生活中的各个地方，如果我们认真观察，就会有所发现。翻译是一个艰巨的工作，不仅需要大量的理论知识，还需要对生活的细心观察。

3.2.2.5.4　本体型思维和客体型思维

众所周知，中西文化史两种不同类型的文化，中国文化以人本为主题，西方文化以物本为主体。国学大师钱穆先生对此曾精辟地指出，“中国文化以人文为中心，以人生为本位，最富人文意识，最重人文精神中国文化本质上是一种人本文化。”（李瑞华主编，《英汉语言文化对比研究》，上海教育出版社第625页）这种人本文化的长期积淀，形成了汉族本体型的认知方式，即以人为中心来观察、分析、推理和研究事物的思维方式。西方文化则以物本为主体，比较偏重于自然客体的观察和研究。在西方人的观念中，人超然于自然界之外，具有绝对的支配，和改造自然的力量，人的本性就要凭借自身的智慧和科学的力量来征服自然、主宰天地。故西方人生则与自然划离，而求能战胜自然、克服自然，（《晚学盲台》，台北东大图书公司，1987年，第52页）并提出了“知识就是力量”的口号。这种把宇宙看作是人类对立面而加以研究和征服的观念，逐渐形成了客体思维，即把客观自然世界作为观察、分析、推理和研究的中心。

本体型和客体型两种不同的思维方式反映在语言形态上，其明显标志之一，就是在描述事物和阐述事例的过程中，特别是当涉及行为主体时，汉语习惯于用表示人或生物的词（animate）作主语，而英语则常用非生物名词（inanimate）作主语。

（1）源文本：车上人很多就连过道都站得满满的。

目标文本：The aisle was blocked by the crowd.

（2）源文本：别人伸个腰，皱一下眉，难看，但是尹雪艳做起来，又别有一番妩媚了。

目标文本：While a yawn or a frown would have been unbecoming in other. With her it carried another kind of Attraction.（朱徽，教学资料）

（3）源文本：Cuff' s fight with Dobbin, and the unexpected issue of that contest, will long be remembered by every man who was educated at Dr. Swishtail' s famous school.（W. M Thackeray, Vanity Fair）

目标文本：凡是在斯威希泰尔那所有名的学校里念过书的学生，都不会忘记克甫和都宾两人打架以及后来意想不到的结局。

（4）源文本：The thick carpet killed the sound of my footsteps.（Joseph）

目标文本：我走在厚厚的地毯上，一点脚步声也没有。

上面的例子，（1）和（2）的源文本的主语或是潜在主语（车上的人、别人）都是行为的发生者，这符合中国人的思维模式，但是在翻译成英语的过程中时，思维要进行转化，要改换或增加物化主语，这样才是西方人的思维方式，使语言更加清晰，逻辑性更强。再把英文译成汉语时也是一样，一定要根据句子的逻辑语义和与几个改换或增加主语，使译文符合汉民族思维逻辑和表达习惯。

3.2.2.6　道德观念

道德观念是判断我们日常行为对错的标准，包含对待他人和对待周围环境的态度，它是文化的重要组成部分。中西方在道德标准上有很多共识，但并不意味中西方的道德标准没有任何区别。由于两个国度的不同，其道德标准也存在一定的差异，在家族内部亲人之间的关系上表现尤为明显。

在《红楼梦》中有这样一段，当林黛玉怀疑她的堂哥爱上薛宝钗时，宝玉用这样的话语说服黛玉的：

宝玉听了，忙上来悄悄地说道："你这么个明白人，难道连'亲不间疏，先不潜后'也不知道？我虽糊涂，却明白这两句话。头一件，咱们是姑舅姊妹，宝姐姐是两姨姊妹，论亲戚他比你疏；第二件，你先来，咱们两个一桌吃，一床睡，长的这么大了，他是才来的，岂有为他疏你的。"

（《红楼梦》第二十回）

在这段中，"姑舅妹妹"（指父亲这边的亲戚）和"两姨姐妹"（指母亲这边的亲戚）分别与"亲"和"疏"对应。这样对应是由中国古代对待男性和女性的态度决定的。在中国文化中，尤其是在封建社会中，女儿不是娘家家族的成员，因为她终将嫁入另一家庭，成为丈夫家族的一员。所以，女儿在娘家对任何事情没有发言权，没有赡养自己父母的义务，也没有继承家族财产的权利。

相反，儿子应该与父母生活在一起，要赡养年迈的父母，并继承家族的产业。总之，只有男子才是家族繁荣壮大的人，也是唯一的人。所以和与女子有关的亲戚相比，与男子有关的亲戚与家族要更亲近一些，也更有地位一些。这就是为何贾宝玉会说"头一件，咱们是姑舅姊妹，宝姐姐是两姨姊妹，论亲戚他比你疏"了。

还有例为证：

今只有嫡妻贾氏生得一女，乳名黛玉，年方五岁。夫妻无子，故爱女如珍，且又见他聪明清秀，便也欲使他读书识几个字，不过假充养子之意，聊解膝下荒凉之叹。

（《红楼梦》第二回）

在这段中，"生得一女""夫妻无子"和"膝下荒凉"在西方人看来也许自相矛盾，既然"生得一女"为什么"膝下荒凉"呢？为什么说"夫妻无子"呢？难道女儿不是孩子吗？这恰恰就是中国的文化所在，封建社会的"子"特指"儿子"，如果没有儿子，便是没有继承人，便是"膝下荒凉"。如果懂得中国古代的文化，理解起来便容易多了。

与中国的文化不同，西方家族的继承人既可以是儿子，也可以是女儿。孩子成年之后，无论是儿子还是女儿，都将组建自己的家庭，他们在家庭中享有平等的地位。是父母遗嘱决定他们将如何继承家产，而不是性别决定。如果把上段文字译成“cousin on the father' s side... close”，“cousin from the mother' s side... distant”，and “daughter... sonless... heirless... helpless” 句式，西方人都会困惑不解的。

由于中西方文化不同，家长与孩子之间的关系也不同。西方家长普遍认为孩子从出生的那天起就是一个独立的个体，有自己独立的意愿和个性。无论是家长、老师或是亲友，都没有特权去支配和限制他的行为。

在大多数情况下都不替孩子做选择，而是要使孩子感到他是自己的主人，甚至在什么情况下说什么话，家长都要仔细考虑，尊重和理解孩子的心理。而中国家长通常把自己看成权威，对孩子有任意批评教育的权利，要求孩子顺从、听话，任何时候不得忤逆自己的想法，可以把自己的想法强加于孩子身上。

源文本：“If it is, your son gave me no consolation. He' s a wretched fellow to talk to—a regular cynic. He doesn' t seem to believe in anything.”

“That' s another sort of joke,” said the person accused of cynicism.

“I' s because his health is so poor,” his father explained to Lord Warburton. “It affects his mind and colors his way of looking at things; he seems to feel as if he had never had a chance. But it' s almost entirely theoretical, you know; it doesn' t seem to affect his spirits. I' ve hardly ever seen him when he wasn' t cheerful−about as he is at present. He often cheers me up.”

The young man so described looked at Lord Warburton and laughed. “Is it a glowing eulogy or an accusation of levity? Should you like me to carry out my theories, daddy?"

(Henry James：*The Portrait of a Lady,* Chapter I)

目标文本：宝玉冷笑道："村名若用'杏花'二字则俗陋不堪了。又有古人诗云：'柴门临水稻花香'，何不就用'稻香村'的妙？"众人听了，亦发哄声拍手道："妙！"贾政一声断喝："无知的孽障！你能知道几个古人，能记得几首熟诗，也敢在老先生前卖弄。你方才那些胡说的，不过是试你的清浊，取笑而已。你就认真了。"（《红楼梦》第十七、八回）

上面第一个例子，当孩子不同意父亲时，父亲没有把自己当做是权威，没有批评、指责孩子。相反，父亲而儿子感到骄傲，在对客人耐心解释儿子为什么表现的异常。同时，在客人面前儿子也亲昵地称父亲为"daddy"，二人之间关系极为和谐和平等。但在第二个例子中，父亲没有与儿子进行任何交谈，反而批评他，并用"孽障""卖弄""胡说"取笑而已"这样的字眼来指责他。

这根源于中国文化，父亲是大家长，父亲对儿子自己做出的决定没有任何尊重，只要父亲认为孩子做错了，便可指责甚至是体罚。这与西方父亲与孩子之间的关系式截然不同的，这种差异性决定了我们在理解翻或是翻译语篇时，要合理地进行转化，否则在目标语言的读者看来，文章可能就缺乏真实度了。

第四章 语境翻译文体应用

第一节 广 告

4.1.1 语境在广告文体中的体现

语境在广告设计应用，有效地实现了广澳信息的传达效果。语境的应用能对言语语境、情景语境、社会文化语境、认知语境等进行分析。在翻译中对于语境的理解起到至关重要的作用。明白广告语境才能真正理解广告信息的真实含义，可以帮助理解广告的信息模糊现象，有助于推断广告设计的言外之意。

4.1.1.1 广告与文化

商品属于物质文化，是整个文化的一个子系统。商品是人类文明发展的产物，而文明又使商品富于文化内涵。商品集价值、使用价值和文化价值为一体，而今商品的文化价值显得越来越重要。在现代社会，有商品的地方就有广告，广告利用不同的媒体以影响、说服和打动大众。当以促销为目的，以语言为主体的广告在进行跨国度、跨文化的宣传时，必须考虑不同文化背景下语言的文化适应与沟通问题。否则，不仅难以达到广告宣传的目的，甚至会适得其反。因为各民族的语言、生活习惯和文化模式都存在着差异，所以带着一国特有的文化气息的广告在进入他国时，必须进行另一种语言和文化的解码。

实际上，许多广告商早就意识到广告的成功与否与是否了解和尊重所在国的文化，如：禁忌、语言、宗教、生活习惯等有关。如“红糖”出口到东南亚的一些国家时就不能用“red sugar”，而应该用“brown sugar”。因为“red”是他们的禁忌色。在西亚的一些国家做广告必须同时用英语和阿拉伯语，因为当地同时居住着信基督教说英语的后代和信伊斯兰教只说阿拉伯语的穆斯林。同样是航空广告，由于文化观、价值观的不同，美国航空公司的广告是“Big thrill, small bills”（大刺激，小价钱），强调刺激、新奇、价格便宜。这是美国人所崇尚的文化价值观。而中国人由于长期受道家的“天人合一”和儒家的仁爱、中庸等思想的影响，则更强调人与人、人与自然的和谐。所以，中国台湾航空公司的广告是“Through mutual affinity we meet, through CAL the world grows smaller”（因为缘我们相遇，因为中华民航世界变得更小）。

如果广告商不了解所在国的文化，他们所做的广告不仅难以达到促销的目的，反而会给自己带来一些意想不到的麻烦。如日本的一家公司有一次在沙特阿拉伯的报纸上刊登了一个女模特做的长袜广告，结果引起了当地政府和市民的强烈反感。因为他们认为妇女是不能在媒体抛头露面的，更不用说一个裸露大腿的女模特。

我国的“熊猫”牌电视机曾在国内销路不错，但在信伊斯兰教的国家却买者寥寥无几，因为广告上熊猫的图案在他们眼里看起来像猪，是对他们宗教的一种亵渎。香港浸会学院前校长范文美先生曾说：“事实上，任何语篇，如书信、广告，或多或少都有特殊的文化成分。”此话道出了广告与文化之间密不可分的关系。

4.1.1.2 英汉习语与广告

习语的文化来源很广，它是我们了解一个国家文化的窗口。作为一种长期流行于大众之间，约定俗成的语言形式，习语易于理解、记忆，便于传诵。习语虽然有结构上的固定性和语义上的整体性，但随着社会生活的变化和语言的发展，习语产生了多义性。在不同的社会环境下，习语允许有变体形式而灵活运用于现代生活的各个方面。在许多成功的英汉广告中，广告商往往将习语作为一个辞格直接加以运用，或以人们已有的文化知识为基础，以引起人们的丰富联想与共鸣为目的，将习语加以改造，便取得了良好的表达效果和促销作用，给人留下难忘的印象。如：Morto salt：when it rains, it pours。这条广告可以翻译成：莫托食盐：一雨倾盆。

其实，这个广告是从习语“It never rains but pours”改变而来，刻画了 Morto salt 的特征。它的产量大（暗指质量好，好买），绝不像淅沥的小雨而是倾盆大雨。谁能抵挡这种气势带来的诱惑呢？以上广告的成功，得益于广告设计者依据不同文化背景而灵活运用和改造英文习语的结果。

4.1.2 广告文体的特点

广告商往往为了使广告引人注目，将习语加以改造，以达到促销其产品的目的。语言学家已经证实，习语的句法结构具有可变性，且存在可变性差异。习语句法结构的变化包括：对习语组成部分的替换、拆分；对习语的修饰、扩充；对习语组成成分的缩略等。这种偏离常规的使用不但没有使该习语失去原义，而且还赋予习语新的意义。

4.1.2.1 语音变异

语言的发音能够引起心理上的不同听觉效果，在心理上激发不同的反应，或柔和、或清脆、或苍劲、或凝重。在广告语言中，经常运用拟声构成（onomatopoeic motivation）、声音象征（sound symbolism）和回音词（echoism）以引起听众的听觉美感。但是，中西语音、拟声或用韵方面却有不同的特点，给译者带来不少困扰。例如，在英语广告词中，经常采用头韵（alliteration）、元韵（assonance）、押韵（rhyme）、假韵（consonance）等韵类以增加广告词的音韵美。

例如：The prose without the cons. 此则 *The Time* 广告脱胎于习语“the

pros and cons”，该习语的意思是“利弊”，“赞成还是反对的理由”。

广告商利用 prose 与 pros 在词形和发音上的相似，成功地改造了相对固定的习语。此广告的另一精彩之处还在于 con 的一词多义。con 的另一个意思是“欺骗”，这样一来，该句的意思就成了“文章不会混淆是非，欺骗读者”。

4.1.2.2　词汇变异

4.1.2.2.1　一词多义

Better late than the late. (Public Slogan)

迟点总比去死强。（公益广告）

这条广告的机智之处在于它不仅复制了“Better late than never.”（迟到总比不到好）这条习语的结构，而且巧妙利用了 late 的一词多义，“the late”的另义“死亡者”与前一个“late”（迟到）构成了语义上的双关。作为一条提醒司机慢速平稳行驶的公益广告，其中含义深远而耐人寻味。

4.1.2.2.2　用品牌名替换某些词汇

Gentlemen prefer Hanes.

熟悉美国电影的人都知道，好莱坞曾出产一部名为“绅士喜欢金发女郎”（Gentlemen prefer the blonde）的电影。此则 Hanes 品牌丝袜的广告利用人们熟悉的好莱坞电影的名字，暗指“女人穿上 Hanes 品牌丝袜，男人更爱”。“女为悦己者容”，如此广告，Hanes 品牌丝袜当然更受女性青睐了。

4.1.2.2.3　用代词替代具体的事物

They are a match made in Heaven. (Seiko)

“Marriages are made in heaven.”（婚姻上天注定。）是一条在西方国家很流行的习语，“Seiko”表是专为恋人制造的双人表。代词“They”在此语义双关，可以指 Seiko 对表，也可以指戴表的人。这条广告耐人寻味之处在于它可以让你想到表是完美的巧夺天工之作，而且也可以让你想到戴表的人也是天生的一对。

4.1.2.3 语义变异

各国的广告词中多引申成语、谚语或名人名词，构成在翻译时的语义空缺或抵触，给翻译工作带来了困难。例如：long shots 这是一则长连衣裙的广告标题。此广告借助英语习语 long shot （an attempt which is unlikely to succeed, but which one risks making）的壳，表达的却是这一习语组成部分的字面意思。

利用习语的字面意义，王希杰先生从修辞学角度把这种现象称为“返源”。Long 一词正表现了该产品的特征，即该产品开创了流行的趋势，下摆的底边一直延伸到脚踝，款式幽雅、流畅。Shot 在这里指的是“woven in two different colors, one along and one across the material, giving a changing effect of color （织成杂色的）”，表示该产品的色彩，取习语的字面意思，把该产品的特点充分展现出来，真是“挡不住的诱惑”。

4.1.2.4 语法变异

For vigorous growth, plant your money with us.

这是一份为 Legal & General 保险公司所做的广告中的一句话，利用了词组搭配的变异获得了隐喻的修辞效果。按语法常规，“plant”不可与“money”搭配。例中耕种的概念范畴被映射到了投资的认知领域。人们获得这么一种暗示，种植某种东西在这里就意味着收获，并且种下的是小小的种子，将来收获的却是丰硕的果实，把钱投到 Legal & General 保险公司，就可以获得丰厚的投资回报。

4.1.2.5 句法变异

4.1.2.5.1 拆分

Practice really does make perfect.

这是一则手表的广告，来源于习语“Practice makes perfect”。广告商把习语拆开，中间插入表示强调的“really does”，更显示了制造商拥有丰富的经验，“实践确确实实能创造完美”，其产品质量一定很高。

4.1.2.5.2　重新组合

Lose Ounces. Save Pounds.（*Goldenlay Eggs*）（花掉盎司，解决英镑）（金蛋）

这样的平行结构很容易让人们联想到两个西方国家中关于“penny”和“pound”的习语。“Pennywise, pound foolish”和“save pennies, lose pounds”。表示人们大钱糊涂，小钱精明。接着，广告语后面附上了一句“You can save money and stay healthy when you slim with the help of Goldenlay natural, fresh eggs. ”广告商把人们熟悉的习语经过一番重新组合改造，赋予新的含义。言下之意是 Goldenlay eggs 质量高，你吃了它可以保持好身材（lose your ounces 减少体重）。同时，价格便宜，可为你省钱（save pounds）。所以，这个钱绝对不是“pound foolish”，而是值得花的。

4.1.3　广告文体的翻译方法

英语和汉语是不同语系的两种语言，而习语来自不同著作、不同作者、不同国家、不同民族，这样一来，习语翻译就有一定困难。王佐良先生说到：“翻译里最大困难是什么呢？就是两种文化的不同。在一种文化里有一些不言而喻的东西，在另外一种文化里却要花很大力气加以解释。”翻译涉及两种不同语言之间的转换，只要研究了习语各方面的特点，准确理解原作的思想，就能大致掌握习语互译的规律。下面介绍几种英汉广告习语翻译方法：

4.1.3.1　仿译（Loan translation）

在不影响理解的前提下仿译是可行的。尤其是文化含义强烈的词语经常采用仿译。这样可以最大限度地保留源习语表达形式与文化信息。

例如：千家万家，不如梦迪一家。（梦迪旅馆广告）

译文：East or west, Meng Di is best!

这条广告的翻译基本照搬了“East or west, home is best.”（金窝银窝，不如自己的窝）这句习语，而且将之活用在旅馆广告中是妥当的。看到“Meng Di”这个旅馆名，我们想到了习语中的“home”，暗指这家旅馆会带给你宾至如归的感觉。

再例如：条条道路通罗马，款款百羚进万家。（百羚餐具广告）

译文：All roads lead to Rome. All “Bailing” leads to home.

此广告语英译第一句可照套习语，第二句结构与第一句相同，“Rome”和“home”构成韵脚，十分上口好记。“All Bailing”更强调了所有的百羚餐具的销售和售后服务都非常好。

4.1.3.2 替代（substitution）

社会文化的原因，相同的事物可能有不同的联想。相反，不同的事物可能有相同的联想。这为替代法创造了条件。

例如：福建沙县有一特产叫“沙县板鸭”，品尝过它的中国人对它的口味应该是记忆犹新。其包装上的英译 Pressed Salted Duck of Shaxian 将其传统制作过程及特别风味表达得明明白白，可是，这种翻译很难使该产品打进国际市场。问题是出在英文名上。由于文化差异的原因，外国人对 Pressed 或是 Salted 的食物的印象都不是很好。首先，Pressed 给人一种很不自然的感觉，而老外偏偏垂青于 natural food；其二，Salted 让人觉得这种 duck 是用盐或盐水浸出来的，而盐摄入过多的话，容易诱发高血压、冠心病等疾病。这样，有几个外国人会喜欢这种鸭子呢？避开 salt 这类敏感的话题，避重就轻地将其替换为 native duck of Shaxian 效果则更好。native duck 会制造出一种 How about this kind of native duck? 的悬念，使消费者产生一种试一试、尝一尝的心理。一旦激起消费者的购买欲，广告的目的也就达到了。又如：

功课终于做完了，真累啊！如果有一瓶乐百氏奶……（乐百氏饮料

广告）

译文：A Robust a day makes me work, rest and play. 这条翻译中包括了两条与孩子们健康、学习和生活都有关系的习语“An apple a day keeps the doctor away.”（一天一个苹果，不用找医生）和“All work no play makes Jack a dull boy”（只工作不玩耍，聪明孩子也变傻）。上述译文把两条习语合并成一条，让广告中的小学生说出“如果我一天喝一瓶乐百氏，我会健康（keeping the doctor away），而且聪明（won' t be a dull boy）”。此译文用替代法，更加顺口，更易记忆。

4.1.3.3　释义（paraphrasing）

仿译有困难又找不到合适的替代词语时，就只能用释义的办法。我们知道，日本的汽车在世界市场上占有很大的份额，其主要原因除他们汽车的技术含量高、质量好，还有一个原因是他们的广告商极为重视所在国的文化背景，频频在广告中使用所在国的习语，对广告进行释义。如丰田车在英语国家的广告语是“Where there is a way, there is a Toyota”，到了中国便换成了中文“车到山前必有路，有路必有丰田车”，到美国又变成了“Not all cars are created equal”，这怎么不让成天将“Independent Declaration”挂在嘴边的美国人牢记于心呢？因为美国人都知道并信奉这样一句话“All men are created equal.”。

再如：随身携带，有备无患。（速效救心丸广告）

译文：A friend in need is a friend indeed. 笔者认为如果将其直译为“carry it and it will erase your danger”未免显得太呆板。本来中文的广告语就运用了习语，为何我们不也引用一句英文习语呢？虽是药品广告，我们也可将速效救心丸塑造成一个能在患难时给予心脏病人及时帮助的真心朋友的形象，以拉近药品和顾客之间的距离。虽然译句与原句文字上不十分一致，但表达的意思却有异曲同工之妙。

第二节　新闻

翻译活动从本质上讲是一种跨文化交际活动。因为一方面翻译必然会涉及到两种或两种以上不同的文化，即两种或两种以上不同的语言所反映的不同民族各自的风土人情、历史背景、生产生活、宗教信仰以及各民族特殊的心态特征、思维方式等。

在跨文化翻译的整个过程中，译者无时无刻不面对两种文化的差异、碰撞和对话，并经过一系列复杂的两种文化的认知活动，最后才得以重构适合于译语读者文化认知环境的文本。另一方面翻译又是一种交际活动。因为跨文化翻译可以看成是一种对话。

在跨文化译事的自然过程中，译者不仅同源文本、源作者和目标语读者对话，而且不断地同自己对话。正是在这种交谈模式中，译者才能跨越文化和时空的障碍，并克服自身在语言文化方面的局限性，从而找到翻译的最佳契合点。

新闻语篇的翻译更是一种典型的跨文化交际活动。新闻翻译就是把用一种文字写成的新闻用另一种语言表达出来，经过再次传播，使译语读者不仅能获得原语新闻记者所报导的信息，而且还能得到与原语新闻读者大致相同的教育或启迪，获得与原语新闻读者大致相同的新闻享受或文学享受。

可见新闻翻译的使命便是迅速传播来自操另一语言的国家或民族的信息使本国或本民族的受众能获得同样的享受，从而为本国或本民族的受众提供一个很好地了解国际新闻及其文化背景的平台。

翻译在大众交流中占据了重要的位置，通过报纸、广播和电视、电脑快速、有效的传播对我们的生活带来了巨大的社会和文化冲击。作为媒体翻译的重要组成部分，新闻翻译与我们日常生活息息相关。报纸、杂志、广播和电视这些大众传媒工具，是我们认识周围事物的耳目，为现代社会所必需，因为它能迅速供应新闻，报导内外的动态，把最新的消息通过语言、文字与图片，供给打开收听设备，翻开报纸的人。

在中国，新闻翻译的魅力和影响力集中反映在一些国外各大媒体为主的报刊和电台上，譬如《参考消息》《环球》和《世界军事》，世界知识出版社主办的《世界博览》，人民日报社主办的《海外文摘》以及《环球文萃》等除此之外，中央电视台等电视中心也引进了许多优秀的国外新闻节目，目前较有影响的是《世界各地》《环球世界八十分钟》《人与自然》《探索》等。

这些报刊、杂志和栏目是广大读者了解外部世界，参与国际交流的一个窗口。可以说，新闻翻译在国际间的信息交流和语言文化交流中扮演了非常重要的作用。任何其他文体的翻译，如科技翻译、文学翻译等都因其有限的读者群（受众）和专业化影响了它们在国际交流中的地位和作用。正是从这个角度上我们认为新闻语篇的翻译是一种典型的跨文化交际活动。

4.2.1 新闻文体在语境中的反映

在第二章介绍了语境包含了语言语境和非语言语境。本文就从语言语境和非语言语境两方面阐释语境对新闻翻译的影响和制约，从英汉新闻语言的差异入手，论证语境理论对英汉新闻语言差异处理的制约作用。

4.2.1.1 语言语境

语言语境是指言语交际过程中某个言语单位在表达某种特定价值时所依赖的上下文，它包括语义关系、语法关系、词法关系和句法关系，是言语交际的话题或对言语单位的编码与解码起制约作用的原语境对英汉新闻翻译的制约。见下例：

（1）两辆公交车在行驶中猛烈相撞，造成两车严重损毁，97 名乘客和司售人员不同程度受伤，其中 37 人因脑外伤、脾破裂、骨折、肝挫伤、脑震荡等被医院收治。这一罕见的重大交通事故发生在昨天清晨闸北公园南首的共和新路干道上。

（《文汇报》，April 8, 2012）

译文：A total of 97 people were injured, 37 seriously, when two buses collided in Shanghai' s Gonghe Xinlu Monday morning. Traffic on the road was restored two hours later after the two damaged buses were removed, the local Wen Hui Bao reported.

英语用抽象名词或无生命的事物名称作主语，同时又使用本来表示人的动作或行为的动词作其谓语，这种句式往往带有拟人化修辞色彩，语气含蓄，令人回味。汉语注重的是“什么人做什么事”，往往用人或比较确定的事物做主语。在汉英转换中，“物称”代替“人称”常常是一种有效的手段。

（2）Sammy' s *Hill* is a laugh-out-loud literary debut, certain to draw comparisons to “*Bridget Jone's Diary.* (*Newsweek*, Sept. 20, 2004)

译文：《姗米的国会山》是文坛的又一新力佳作，笔触幽默风趣，引人畅怀，堪称《单身日记》的姐妹之作。

英语的句子是通过一整套完整系统的语法结构和连接词将单词和词组组合在一起，强调结构上正确，逻辑上严密，思维上严谨。而汉语则不然，就是说一个汉语句子的分句与分句之间，或是短语与短语之间，在意思上有联系，但很少用关联词。使用每一个分句或是短语的意思组合成一个完整的句子的。

(3) It is the IOC and international community' s expectation that we create an Olympic image that reflects oriental wisdom and characteristics of both Beijing and China, as well as China' s long history, splendid culture and the fascination of the Beijing Games. The image is also expected to be a manifestation of the concepts of Green Olympics, High - tech Olympics and People' s Olympics—thus leaving a unique legacy to the Olympic Movement.

译文：创造出具有东方智慧、中国特色和北京特征的奥运会形象和景观，展示中国悠久的历史、灿烂的文化和北京 2008 奥运会的巨大魅力，体现绿色奥运、科技奥运、人文奥运、科技奥运的理念，为奥林匹克运动留下独特遗产，这是国际奥委会和国际社会对我们的共同期待。

汉英两种语言在结构安排上有区别。汉语句法结构强调前端重量，而英语则讲究尾端重量，也就是说句子的结尾部分不宜太短，应有一定长度。该句译成英语时，可以拆分为两个独立的句子，同时添加词使句子的前后意思连贯。

（4）在美国华盛顿邮报 2014 年 6 月 3 日的一篇报道中有这样一个句子："It' s said commanders within the region covered by the military' s Central Command have not always reported sexual offenses to Army investigators, even when they took action against those involved."

译文：报告指出，中央司令部所辖区域内的指挥官没有经常向陆军的调查人员报告性侵犯事件，即使在他们对当事人采取行动的时候。"

（《参考消息》）

毋庸置疑，上例下划线部分是一个时间状语从句，按一般的汉语行文方式，我们应把这个从句提前。因此，这个句子最好能改译成"……即使在对当事人采取行动的时候，中央司令部所辖区域内的指挥官也没有经常向陆军的调查人员报告性侵犯事件。"

在英汉新闻翻译中，常见照搬英语新闻句子的语序的情况，通常是在汉译文中频繁使用带有冗长定语的句子或者像英文句子一样把句子的状语置于句末。很多学者把这种翻译的方法叫做"欧化"翻译法。我们应该避免使用"欧化"翻译法，按照汉语说话的习惯进行翻译，这样才更能满足广大中国读者的需求。

4.2.1.2　情景语境

情景语境指说话发生的背景，"语域理论"将情景语境分为三种主要类型：语篇场（field discourse）、语篇方式（mode discourse）、语篇基调（tenor discourse）。语篇场指正在发生什么事或正在发生的社会活动的性质，包括正在被谈论的事情；语篇方式指语言在具体语境里所起的作用、采用什么体裁、通过什么渠道（口头还是书面），以及采用何种修辞手段等等；语篇基调包含谈话参加者、谈话参加者之间的关系，以及他们的社会地位和角色。新闻语言更是如此，总所周知，新闻是对新近发生的事实的报道，受众对新闻事实的感情反映，在很大程度上取决于作者的叙述态度和作者的语言情感引领。这种语言、情感又都是通过特定的语言环境实现的。写作者不能撇开采访对象的身份、思想、修养、性格、职业、心境、心理发展变化过程等一系列主观因素及外在的时间、地点、场合等客观因素，把一些结合起来就构成了情景语境。

在新闻报道中，情景语境随时随地发挥着重要的作用，如果作者忽略了语言的使用环境去“创造性地使用语言”，使用一些与读者或者所描写的人物不相符合的词语，会让读者产生一种不好的心理。“跳楼秀”就是其中比较典型的一例。个别民工在多次讨要工资无果的情况下，采取极端做法，以跳楼手段相威胁。这里充满了辛酸和无奈。

然而，一位通讯员在写此报道时，竟然用“跳楼秀”作标题。猛一看去，这样的标题的确很抢眼，但读完全文后，恐怕没有几个人能“秀”起来。“秀”乃美好之意，但当民工的生命受到威胁的时候，透露出写作者对生命的漠视，对生活在最底层的弱势群体的无动于衷。

4.2.1.3 文化语境

依据黄国文先生的说法，文化语境可以定义为：语篇在特定的社会、文化中所表达的所有意义（包括交际目的、交际步骤、交际形式、交际内容，等等）。这样看来，语言出现在一定的语篇体裁语境中，而这种语篇体裁语境又反映了语言所处的文化语境。

Britannia Rues the Waves 这个标题是变换英国海军军歌“Rule,

Britannia”中的叠句—Britannia rules the waves（不列颠统治海洋），将“rules”（统治）改为“rues”（悲悼），意在讽刺日益衰落的英国航运业。然而，这种兼具文化特色及语法修辞特点的幽默实在难以通过汉语再现，在这种情况下，只能舍弃标题的修辞特色，争取译出标题的基本含义，否则可能会因词害意，造成译文标题的意义含糊不清。

文化语境涉及到各国特色的文化，译者应对这种文化有所了解，并在翻译中体现出来，如果盲目直译，就会造成误解。例如曾有人把 Good Friday (peace) accord/agreement 译成“美丽星期天协议”。这里 Good Friday 是西方的一个宗教节日“耶稣受难日”。因而原文应译为“耶稣受难日（和平）协议”。还有人望文生义地将一句话中的 Young Turkey 译为“年轻的土耳其人”，说是“两名年轻的土耳其人”正准备争夺阿拉法特的继承权。这样的翻译显然会误导受众。其实，这里意指“要求彻底改变现存体制的少壮激进分子”。类似这种误读文化语境从而导致误译的现象在新闻语篇翻译中比比皆是，因而应引起每一位新闻工作者的高度重视。

4.2.2　英语新闻的语体特点

英语新闻的交际目的是公开传播新近变化事实的信息，从而满足人们在社会交往中对沟通情况，获取信息的需要，因而它是按照客观事实的本来面目所作的真实陈述。从交际目的出发，英语新闻有其鲜明的语体特点，即报道信息迅速及时、报道客观真实、语言简洁易懂、贴近大众生活等特点。

1. 信息传播迅速及时

在信息时代，新闻的时效性是新闻的生命力，也是判断一则新闻价值的重要标准。媒体行业“抢新闻”由来已久，西方媒体动辄花费几百万甚至千万美金“购买”公众焦点人物和事件的“最新”动态已经成为媒体自我宣传的手段。这些案例反映了新闻的“新”和“快”是创造经济效益的重要指标。对新闻记者来说，“时间就是金钱”，这是永恒不变的职业教条。

2. 报道客观真实

新闻要通过新闻事实去把握世界及人类生活的本质，新闻报道必须客观真实，这是新闻报道的基本形式和写作原则。真实性是新闻价值的体现，是最本质、最刚性的属性。它是新闻独特力量和高贵品质的主要源泉，是整个新闻大厦的基石。按事件的性质，新闻有“硬新闻”和“软新闻”之分。硬新闻是“纯新闻消息报道”，指题材严肃，具有一定时效性的客观事实报道；软新闻是指情感味浓，写作方法多样的社会新闻或综合报道。新闻是用事实来说话，无论哪一种新闻写作都必须接受、恪守真实性的原则。

3. 新闻语言简洁易懂

新闻的读者源自大众，新闻报道是为了迅速传播信息。来自不同阶层、有着不同文化背景的广泛大众要求新闻语言简单具体，行文流畅。受到时间和版面的限制，新闻语言也应力求简明扼要，通俗易懂。从新闻标题、导语、正文一一往下，读者常常读到大量的略缩词、单音节词或短小词以及简单直接的句型。

4. 英语新闻语篇独特的组织结构

英语语篇结构有两种形式：倒金字塔法（inverted pyramid form）和时间顺序法（the chronological style）。“倒金字塔法”是传统的新闻语篇结构，段落安排按新闻事实内容和重要性递减的顺序，将最重要的事实放在前，次要的事实放在后，与导语一起形成一个倒金字塔结构，便于读者捕捉核心内容，快速了解新闻的梗概，从而满足读者的信息需要。采用时间顺序法的新闻语篇，由导语、事实和结尾三部分组成，多用于报道一系列较为复杂的新闻事实或内容，如自然灾害、交通事故、犯罪案件、体育比赛、文艺演出等。这样的语篇结构，除了在导语中对全文大概内容稍加提示外，主体部分始终严格按照时间顺序来叙述，以增加读者阅读时的悬念。时间顺序法与倒金字塔法有所不同，它并不是开门见山、直截了当地把最重要的新闻事实一下子抖落给读者，读者却往往要在读完全文后才能知晓新闻事实的发展结果，而且一般篇幅比较长，不及倒金字塔叙述法紧凑和简洁。

5. 新闻语篇的关联性

请看下面一个例子：

"Ladies and gentlemen. We got him!"

这可算得上最短的英语新闻语篇了，它是2003年12月13日美国驻伊拉克最高文职行政长官布雷默（Paul Bremer）在巴格达举行的记者招待会上讲的第一句话，而且话音刚落，听众就爆发出热烈的掌声和欢呼声。在关联理论看来，听众以最小的认知努力来寻求最大的语境关联，那么，此处的"him"就一定不是除了发言人和听众以外的任何一个男人，而是大家都很容易或不假思索就能得知的人，那就是美军一直在寻找的伊拉克前总统萨达姆。听众可能知道那段时间美军在找谁，以及即将要举行的这场新闻发布会很重要等等，然后把这些从间接途径获得的信息与这句话联系起来，通过对动态语境的把握而获得正确的理解。

再看下面这则路透社2007年4月1日的报道：

Beijing Games to Contribute to Change in China—Rogge BRUSSELS (Reuters) —Next year' s Beijing Olympic Games should help to foster change in China, International Olympic Committee (IOC) President Jacques Rogge believes. "I think that the Games will contribute to the evolution of China," Rogge told Belgian newspaper De Tijd at the weekend. "The 20, 000 journalists who come to the Games will show China as it is. It speaks for itself that will accelerate the social evolution," the Belgian said. China has provided guarantees of media freedom for the duration of the Games. Rogge said he would not be surprised if Beijing chose to extend these looser press rules.

这是关于国际奥委会（IOC）主席罗格在布鲁塞尔接受比利时报纸《时报》采访的报道。我们很容易理解罗格的观点："我认为北京奥运会将有助于中国发展自己"，"前来采访的两万名记者将会展示出真实的中国"。不过，有了关联理论提供的动态语境的启发，我们能够突破语篇本身提供的语境，去寻找更大的语境。

4.2.3 新闻文体的翻译技巧

1. 对于有蕴含中国特色或国外特定文化的词汇或者典故，我们应该在翻译时采取直译加注释的方法。例：

原文：

对于三无人员这样的弱势群体，平价医院无疑是雪中送炭。

（《环球时报》2006 年 1 月 17 日文章"平价医院能否办下去"）

译文：

For a disadvantage group such as the "three without" in the cities, the "low price" hospitals definitely provide them with timely help.

Note：the "three without" are：drifters in the cities without residence cards, without legal living quarters and without a normal source of income.

("Action Plan mapped out for Better Health Care", China Daily, January 19，2006)

在上面这个例子中，译者采用的是直译加注释的翻译方式。"三无"人员，在中国指的是无合法证件、无固定住所、无稳定收入的人。但英语读者的认知语境中，没有对带有中国特色词汇的认识，如果直接译成"three without"，必将造成译文读者理解上的困难。为了交际的成功，译者需对"三无"这个词汇进行解释，改变译文读者的认知语境，从而使译文读者在进行推理时，求得语境效果，获得原文作者的交际意图。

2. 对于较长的新闻稿件，在进行翻译时，有时采用改写的翻译方式。作为第二作者的译者为了确保读者能够理解译文、推理出相关含义，就需要对译文读者的认知语境进行估计，确定哪些是译文读者所熟悉的，哪些是译文读者所不熟悉的，根据译文读者的需要对原文进行改写。

原文：

习近平离开北京对非洲八国进行国事访问

新华网北京1月30日电 应喀麦隆总统保罗·比亚、利比里亚总统埃伦·约翰逊·瑟利夫、苏丹总统奥马尔·哈桑·艾哈迈德·巴希尔、赞比亚总统利维·帕特里克·姆瓦纳瓦萨、纳米比亚总统希菲凯普捏·波汗巴、南非总统塔博·姆贝基、莫桑比克总统阿曼多·埃米利奥·格布扎、塞舌尔总统詹姆斯·米歇尔的邀请，国家主席习近平于30日上午乘专机离开北京，前往上述八国进行国事访问。

译文：

Chinese President leaves Beijing to visit 8 African nations

BEIJING, Jan. 30 (Xinhua)—Chinese President Xi Jinping left here Tuesday morning to pay a state visit eight African nations from Jan. 30 to Feb. 10.

The eight nations are Cameroon, Liberia, Sudan, Zambia, Namibia, South Africa, Mozambique and Seychelles.

During his visit, President Xi is expected to meet leaders of the eight nations, and will exchange views with them on the relationship and the issues of common concern, according to Chinese Foreign Ministry spokesman Liu Jiachao.

“This tour will be China' s another major diplomatic move toward the African nations since the Beijing Summit was held last November.” Liu told a regular press conference prior to Xi' s visit.

He said Xi' s visit aims at deepening the traditional friendship and realizing the agreements reached during the Beijing Summit, including eight commitments Xi had made to benefit the African countries.

原文中有些内容在译文中没有体现出来，译文中划横线的部分也在原文中也没有，原文只有 1 段，译文却有 5 段，引文在内容上和形式上都做了较大程度的调整。原文中的第一段是一句话，开头部分交代了习近平出访北京是应非洲八国总统的邀请，并一一将各国总统姓名列举出来，最后才是句子的主要内容。译文共分 5 段，第一段是导语，省略了原文中的出访背景，开门见山地交代了这篇新闻的主要内容，第二段列举了出访的八个非洲国家，第三第四第五补充了外交部发言人对此次访问的目的及内容的官方介绍。显而易见，对原文的翻译采用改写的翻译方式。

从形式上译文更加符合英语报道的方式。英语新闻的第一个句子是导语，给出新闻的主题及最重要的事实，其写作特点是简短精炼。从内容上说，原文由于是中国的新闻，其一些相关信息中国读者可能已从其他报道上有所了解。所以，原文作者没有在文中提到，但对于国外的英语读者而言，相关背景在他们的认知语境中并不存在。因此补充一些相关的信息可增加语境效果，增强译文的关联性。采取这种改写方式，译者对信息进行增加和删减，使译文传递了原文的关联性，符合读者的心理期待。

3. 翻译中对于一些词汇的具体处理技巧。

（1）抽象与具体的转换。

有些抽象意义的词汇，在特定的语境中应该译得具体。例如：

1）The revolutionary B–2 Stealth Bomber, designed to strike deep into the Soviet Union while avoiding radar detection…

原译：革命性的B–2型隐形轰炸机……

改译：技术性能创新的B–2型隐形轰炸机……

或：在技术上具有突破性进展的B–2型轰炸机……

显然，此处的revolutionary译成“革命的”会显得太抽象，而且大而不当。

2）The US Air Force has unveiled its secrete “stealth” fighter seven years after “development” began…

原译：美国空军经过七年的“发展”，终于公开坎坷它的“隐形”战斗机的秘密，……

改译：美国空军已将七年前就开始研制的“隐形”战斗机公诸于世，……

（2）褒贬义的选择

英汉语近义词之间不能机械地对等语用。例如：rebel有时可以译为“叛乱分子”，但有时必须视情况译为“反政府组织”“反政府分子”或“反政府军”。

又如：politician可视不同语境译为“政界人士”或“政客”。

（3）近义词辨析

近义词在含义上的差别有时极其微妙，翻译时必须仔细辨析。

例如：suspected/suspicious

STOCKHOLM (Reuter)—The Swedish Navy dropped depth charges in a west coast fjord in an intensified hunt for a “suspected foreign submarine”, a military spokesman said.

译文：路透社斯德哥尔摩讯——军方说，瑞典海军在西部海湾投入一个深水炸弹，搜索一艘可疑的外国潜水艇。

改译：路透社斯德哥尔摩讯——军方说，瑞典海军在西部海湾投入一个深水炸弹，加强搜索疑为外国潜艇的一个军事目标。

此例中的 a suspected foreign submarine 是一个疑为外国潜艇的一个军事目标，a suspicious stranger 是“一艘形迹可疑的外国潜艇。”

另外，“Mainland China”和“the Chinese Mainland”和“China' s Mainland”这三个说法都指中国大陆，常在国内外英语报纸上出现。但只有第二和第三种说法正确，第一种说法有政治错误。“Mainland China ”传达的语义是“大陆中国”，接受这种称谓无异于承认有两个中国，有悖于我国的立场。

（4）词汇的文化背景

文化背景也影响词汇的翻译。中国珠穆朗玛峰（Mount Zhumulongma）一贯被西方译为“Mount Everest”，而中国的南沙群岛（Nansha Islands）则被西方译为“Spratlay Islands”（斯普拉特利群岛）阿根廷称谓“马尔维纳斯岛（Malvinas Island）”的领土，英国则被称为“福克兰群岛（Falkland Island）”。

第三节　科技英语

随着科学技术突飞猛进的发展和全球化进程的不断加快，科学技术信息的交流也愈来愈频繁，及时准确地获取科技信息对促进整个社会的发展起着重要的作用。因此，在科技信息交流日益增加的情况下，科技翻译的任务也大幅度地增加。科技文体具有句子长、结构复杂、专业词汇较多的特点，同时又具有准确性、客观性、简洁性的文体特征。如何准确地理解并表达原文信息是摆在科技翻译工作者面前的难题。在翻译过程中，对原文词义的正确理解以及对译文恰当的表达都离不开语境分析，即正确的解码和编码都依赖于语境。

科技文章包括科技论文、实验报告、对于自然现象的描述和解释、关于实验如何进行的指导，以及科技发展的历史等。科技英语是为了表达和传递知识和信息的，其语言准确、客观，具有严密的逻辑性。

杨寿康教授指出科技英语的主要特点为：准确性（accuracy），客观性（objectivity）、和简洁性（concise）。因此，信息传递的效果、内容的精确与表达的规范应该是科技翻译的核心和基准，功能对等、信息准确真实应为科技翻译第一要义。所以，在科技文体中，不使用含糊不清的词句，避免歧义的产生，多使用客观准确性较高的被动句、无人称句，并且省略一切可以省略的成分，以追求简洁。此外，科技文体多用缩写词，如我们比较熟悉的 NBC（National Broadcasting corporation），WMO（World Meteorology Organization）；也有些是在科技文体中才会出现的，如：NW 或 N. W.（西北区），SE 或 S. E.（东南区），radar（雷达）为 radio detecting and ranging 的缩写，sonar（声纳）为 sound and navigation ranging 的缩写。为使文章简洁精炼，科技术语还多用复合词语和专业词 汇。 如：Nitrate–nonutilizing mutants of Cibberella zeae and their use in determining vegetative compatibility 玉蜀黍赤霉菌的硝酸盐营养缺陷突变体及其在营养亲和性测定上的作用；Cell–to–cell transportation of proteins during plant development 植物发育过程中蛋白质在细胞间的运输。

谈科技翻译，其实就是谈科技交流。科技文献属于信息型文本，在翻译时应有效地突出文本功能，保证译文中信息传递的真实性和准确性。科技翻译旨在转达原文的科技信息、传播科技知识、进行科技交流。

因此，翻译过程中应注意科技文体特点，力求用一种“最切近的自然对等语”再现原文的信息和内容。但这并不意味着科技语言都生硬牵强、艰涩难懂。上海交通大学的毛荣贵教授曾作过精辟的概括：“科技翻译崇尚‘零感情’遣词，但又不能否定，科技翻译有时有细腻的语气！‘专业术语’是科技翻译的一道‘坎’，科技翻译应该为约定俗成的术语‘接轨’，但是，作者的 elegant variation（求雅换词），又让我们觉得曲径通幽；科技翻译呼唤逻辑思辨，但逻辑并不是一张永远严肃的而孔，字斟句酌，译文也会灿烂一笑”。

言语随情景的变化，从而产生各种言语变体，简称语体（variety）。语体学已成为现代文体学的一个重要组成部分，科技英语作为一种功能语体更是一直倍受文体学家的重视。

在语言描述中，我们采用文体标记系统给语言特征分类。根据 Enkvist & Spenser（1964），文体标记就是突出的文体特征。在某一语境中具有文体意义的语言项目都可被认为是文体标记。这与功能文体学的“突出”概念一致。系统功能语言学的创始人韩礼德认为突出是语言显耀的统称，是语篇的某些语言特征以某种形式凸露出来。进而他文把突出特征分为两类：一类是违反常规的突出，是否定性的，另一类是符合常规的突出，是肯定的（参见张德禄 1998）。

在文体学中一般把语言特征分为四个层面：音系、字位、词汇、句法 / 语法。在科技英语中，视觉文字或标点符号是传递信息的唯一载体，因而音系文体标记不具有文体意义，这里只分析字位、词汇、句法 / 语法文体标记。同时也从功能的角度对科技英语进行语境因素分析，因为语境因素是文体的重要决定因素。对语言单元或语篇的理解在很大程度上依赖于他们出现的语境。这里我们将以情景语境的三个组成部分：语场（field）、语旨（tenor）和语式（mode）为框架，分析和讨论科技英语的语境因素。

4.3.1 语言描述

4.3.1.1 字位文体标记

4.3.1.1.1 标点

标点就像路标，帮助读者看清句子的语法结构，从而更容易理解句意。请看下面表格（表格中所选范文为《科技英语》中的 Unit One 到 Unit Five 共 5 篇文章。董益坤，魏汝莞主编，山东大学出版社，2001）

选文序号	逗号	句号	分号	冒号	括号	引号	省略号	疑问号
1	70	47	4	2	0	0	0	0
2	65	44	7	1	5	0	0	0
3	96	41	13	2	4	1	0	0
4	51	35	1	0	11	0	0	0
5	42	31	1	0	2	1	1	0
平均	64.8	39.6	5.2	1	4.4	0.4	0.2	0

从上表可以看出，科技英语中逗号使用率平均为 64.8 个，远远多于别的标点符号，疑问号的使用率为零，这说明科技英语中句子较长，且陈述句较多，几乎没有疑问句，因而科技英语的结构严密，主题较单一。其中括号的平均使用率为 4.4 个，占了一定的比例。因而科技英语文体叙事明白，说理准确。科技英语总是力求少用或不用描述性形容词以及具有抒情作用的感叹句、疑问句和祈使句。

4.3.1.1.2　大、小写

随着科技发展，缩略语在文章索引、前序、摘要、文摘、电报、说明书、商标等科技文章中频繁使用。缩略语通常以大、小写的形式来表示，它的出现方便了印刷、书写、速记和口语交流，但同时也增加了阅读和理解的困难。科技英语中有的缩略语以小写字母出现，它已作为常规单词，如 radar（radio detecting and ranging）雷达；laser（light amplification by stimulated emission of radiation）激光。也有的缩略语以大写形式出现，且有主体发音音节，如 BASIC（Beginner' s All–purpose Symbolic Instruction Code）初学者通用符号指令代码；COBOL（Common Business Oriented Language）面向商务的通用语言。还有的缩略语以大写字母出现，但没有读音音节，仅为字母缩写，如 DBMS（Database Management System）数据管理系统；FDD（Floppy Disk Device）软盘驱动器。

4.3.1.1.3　段落

请看下表（表格中所选范文为电视教学用书《科技英语》教程的 Lesson One 到 Lesson Six 共 6 篇文章。涂荣英，李石基编著，湖南大学出版社，1986）：

序号	总字数	总段落数	总句数	段均字数	段均句数	句均字数
1	470	5	28	95	5.6	16.8
2	472	5	27	94.4	5.4	17.5
3	732	10	37	73.2	3.7	19.8
4	697	8	42	87.1	5.25	16.6
5	560	4	20	140	5	28
6	682	8	45	85.2	5.63	15.2
平均	601.7	6.7	33.2	95.8	5.1	18.97

表中得出，科技文章平均长度为601.7个字，平均段落数为6.7，因而科技英语篇幅较长，其段落的平均长度为95.8个字，句平均字数为18.97，段落较多、较长。这是因为科技英语主要是集中论述科学事实，解释科学现象，归纳科学概念和进行严密的逻辑推理。显然需要一定的篇幅，以获取一定的科技信息。科技英语每一段里都有一个主题或一个中心意思，并用一句话表达出来（即主题句）；同时选择有助于阐述这一中心思想的例子或细节，把他们一一列出，最后把这些细节按逻辑顺序排好。

4.3.1.2　句法／语法文体标记

从句法角度分析科技英语的文体特征主要有以下几个方面：

1. 陈述句所占比例较高。请看下表（表格中所选范文为《科技英语》中的Unit One到Unit Three共3篇文章。董益坤，魏汝莞主编，山东大学出版社，2001，2.2，2.3表格同此）：句子类型

范文	总句子数	陈述句数及占比	疑问句数及占比	感叹句数及占比
1	47	47句，占100%	0	0
2	43	43句，占100%	0	0
3	40	40句，占100%	0	0

从上表可以看出，三篇范文中陈述句所占比例均为100%。这是因为科技英语的显著特点是重叙事逻辑上的连贯（Coherence）及表达上的明晰（Clarity）与畅达（Fluency）。作者避免表露个人感情，避免论证上

的主观随意性。

2. 长句处处可见。在科技英语书刊中长句出现较多，有时甚至一个长句就是一段。长句大多数是复合句，不仅句子长且关系复杂，头绪纷繁。有时数个从句说明一个主句；有时从句中又带有从句；有时从句是并列句。这些显然与科技英语重视叙事的逻辑性，层次感和转折对比以及推出前提、列出条件、导出结论等论证手段很有关系。请看下表：

范　文	1	2	3
总单词数	695	993	1295
总句子数	47	43	40
平均句长	14.8	23.1	32.4

表格数据显示，所选三篇范文中句子平均长度为 23.4 个词。据统计，各类英文文体的平均单句包含 17.8 个词（钱瑗 1991）。这说明，科技英语的句子比英语句子的平均长度长，且长得多。这是因为科技英语作为一种功能语体要传达复杂的思想和表达复杂的逻辑关系。

3. 复合句占绝大多数。一般说来，科技英语句子较长而句型变化较少，关系代词 that 和 which 以及非人称代词 it 的使用频率较高，这是因为在严谨的科技文体中，作者为了表达缜密的思想和客观的事实，必须增加限制性的成分和扩展性的成分，所以就要常常借助于 that 和 which 引导的从句以及较多地使用 it，从而使句子的平均长度增加，结构更为复杂，客观性大为增强。根据方梦之先生所作的调查结果，that 和 which 仅占新闻评述和小说中代词总数的 5% 左右，但它们在科技英语文献中平均比例则达到 55.1%。请看下表：

句子种类

范文	简单句总数及占比	并列句总数及占比	复合句总数及占比
1	21 句，占 44.7%	5 句，占 10.6%	21 句，占 44.7%
2	13 句，占 30.2%	10 句，占 23.2%	20 句，占 46.5%
3	10 句，占 25%	10 句，占 25%	20 句，占 50%

表格数据显示，所选三篇范文中句子复合句的比例均在44%以上。44个简单句中有23个是含有非谓语动词的简单句，占整个简单句的52.3%。可见科技英语中复合句占绝大多数。

4. 科技英语倾向于多用被动语态。这是因为科技英语叙述的往往是客观的事物、现象或过程，而主体往往是从事某一项工作的人或装置。使用被动语态不仅比较客观，而且可使读者的注意力集中在叙述中的事物、现实或过程即客体上。被动语态总是与非主观的主体连在一起，在这种文体中不把自己和受话人直接置于语境中，避免了使用I，you，we之类的第一、第二人称代词。

4.3.1.3 词汇文体标记

对科技英语的词汇文体特征的分析主要侧重于那些对其特征形成有重要意义的词汇。通过对科技英语的观察，我们总结出下面几个典型的文体标记。

1. 大量使用科技词汇。科技英语大量使用科技术语，其中有相当数量的专业术语借自英语的常用词汇，它们是英语的常用词，但用到某一专业科技领域中却成了专业技术用语，具有严格的科学含义。如：messenger（信使），在遗传工程学里，则变为“一种传递遗传信息的化学物质”。伴随着常用词汇专业化倾向的是一个词的词义的多专业化，同一个英语常用词不仅被一个专业采用，而且被许多专业采用来表达各自的专业概念，甚至在同一专业中同一个词又有许多不同词义。如transmission一词在无线电工程学中的词义是“发射”“播送”，在机械学中的词义是“传动”“变速”，在物理学中的词义是“透射”，在医学中的含义是“遗传”等等。科技英语也通过现代英语构词法，构成极丰富多样的科技词汇。

2. 名词化的词法特点。科技英语的名词化倾向是与科技文体的基本要求密切相关的。科技文章的任务是叙述事实和论证推断，因而要求言简意明。名词化结构是以短语的形式来表达相当于一个句子所要表达的内容，结构紧凑，表达简洁。如：The rocket has been developed. For this reason, man can enter space. 若把这两个句子用名词化结构按句法要求组织起来，则是 The development of the rocket makes it possible for man to enter space. 这样使语言更简洁，精炼，而且把更多的信息结构融合成逻辑关系更明确的一体。科技英语的特征之一是描述的客观性，避免主观因素和主观色彩，名词化是提高客观程度的手段之一。如：Knowledge of the forces on the gear makes possible the determination of its size. 名词化结构中大量使用抽象名词，借助于抽象思维的逻辑性和概念化使科技文章的表达更确切，更严密。在使用上句子信息最复杂，最重要的部分往往是名词化结构。

3. 广泛使用动词的非限定式，即分词、不定式和动名词，特别是分词。动词性名词的名词性较弱，动词性略强，把概念跟动作过程联系起来，时间性不强。如：The recovering of distillates is also performed in the vacuum unit. 由于动词性名词后多有介词短语（主要是 of 短语），动作过程确有所指，所以它前面总冠以定冠词。定冠词是不同词类转化为名词的标志。若表示某一次有时间性的特定动作或过程时，可用不定式，其动词性最强，名词性最弱。如：The distillates need to be recovered now. 当强调动作过程，概括地述说一般行为，而非特定行为，因而时间性不强，即可用动名词，其动词性较强。如：Recovering distillates is also performed in the vacuum unit. 为了简练，紧凑地说理或叙述复杂的逻辑关系，在科技英语中常使用结构简单的动词不定式，动名词和分词这些非谓语动词来代替各种从句或分句。

4.3.2　语境因素分析

为了更深入地了解某种语言的文体特征，单纯的语言描述是不够的，因为对任何语篇意义的理解都依赖语篇出现的环境。在进行文体分析时，对语境的分析非常必要。

这一部分，我们将采用功能文体学的语境因素分析框架，从语场、语旨和语式三个方面看科技英语中出现上述语言特征的语境根源。

4.3.2.1 语场

语场指发生了什么事，所发生的社会活动的性质，参与者从事的活动等。即语场描述话语的内容范围，在不同的语场中，为实现语言的不同功能，语言在词汇、语法和形式等方面都会呈现独特的特征。科技英语可涉及到社会活动各个领域的事件，包括政治、经济、军事、社会、体育、艺术和科学技术等方面。语场主要制约对概念意义的选择，尤其表现在对词汇和及物结构的选择上。如科技英语中多用表示行动的动词代替存在的动词 be，使用语义确切的强动词；弱动词往往与空泛的主词相连带，使用由动词派生的名词。

4.3.2.2 语旨

语旨指参与者的社会地位和角色关系，即“人际语旨”；以及参与者使用语言的目的，也就是语言交流中言语的功能，即“功能语旨”。科技英语活动的参与者是科技工作者和公众。他们用科技英语这一快捷方便的交际工具来传递最新科技信息和交流科研成果。科技英语的公众主要是对某一科学内容有足够兴趣且受教育程度较高的人。语旨将制约对人际意义的选择，尤其表现在对语气结构和情感的选择上。科技英语中多用动词现在时，多用被动语态，广泛使用动词的非限定性，即分词，不定式和动名词。

4.3.2.3 语式

语式指语言在情景中的组织方式及其功能，科技英语属于正式书面文体，也属于信息交流文体。科技英语作为现代英语的一种社会功能变体，是应用语言学的一个分支。它是社会的科学文化圈内与科技人员的言语行为有关的一套技能。科技英语专家 R. S. Close 说：“学生学习科技英语只需把时间和注意力放在对科技信息有效交际至关重要的语言特征上。”语式影响谋篇意义（即真正可以实施概念意义和人际意义的语义）的选择，主要表现在主位结构和衔接手段的选择上。

4.3.3 科技英语的语境性

从不同的角度分析，科技英语（EST）有许多特点区别于普通英语（EGP）。过去人们对科技英语语法研究较多。

例 1. Text A

Now I have to charge to the final size drill required, which is three-quarters of an inch in diameter, and this is called a morse-taper sleeve… A slower speed for a larger drill. Nice. Even feed should give a reasonable finish to the hole. Applying coolant periodically. This is mainly for lubrication rather than cooling. Almost to depth now. Right. Withdrawing the drill.

Text B

A. Select required drill.

B. Mount drill in tailstock. Use taper sleeves as necessary.

C. Set speed and start machine spindle.

D. Position tailstock to work piece.

E. Apply firm even pressure to tailstock hand wheel to feed drill on the work piece.

F. Apply coolant frequently.

G. Drill hole to depth.

H. Withdraw drill.

I. Stop the machine.

这两篇文章的 illocutionary force（施为性力量）是相同的，即示范如何做这件事，但其语言风格在许多方面有差异：

第一，文本 A 中，说话者并非给出指令，而是在对自己的动作进行评价的同时，客观上起到发出指令的功能。文本 B 恰恰相反，大量的句型是祈使句，指令的功能明确，语法连贯。第二，文本 A 的语言是间歇性的，这是因为在这个过程中，有一个视觉因素，交际过程中的主要内容是示范。文本 B 是一个连续，静态的信息传递。第三，文本 A 中还有人际交往因素，语言是非正式的，不断插有评述，带有感情色彩和语气；文本 B 没有明确的交际参与者，这一指令针对所有的潜在对象，因而措辞非常书面化，规范。

4.3.4 科技词汇的语境特色

高度专业化的技术术语是科技文章的一个主要方面，专业术语构成了科技理论的语言基础。这些词汇大多数是多词素词，多数为含拉丁语或希腊语词素的“大词”。由许多有专门意义的词素缀合而成；即使普通词也产生某些转义，强烈依赖于某一专业领域特有的语境性。

4.3.4.1 词缀

大量科技英语新词汇主要根据三种构词法：复合，派生，逆生形成。其中，派生词法是最基础、最常用的。在构成科技英语词汇中，许多词含有希腊语或拉丁语的词根或词缀，或两者皆有，也有来自古英语或法语，偶尔有其他语种的。词缀有表示数字的：mono–（one），bi–，di–（two），tri–（three），quadr–，quadri–，（four），pent–（five）；表示词性的：en–，–tion，–er，–ful；也有表示动作或其作用对象的：–ation，–ment。还有一部分是某些专业所特有的，如化工专业：–ane（烷），–ene（烯），–ol（醇），–one（酮）。

4.3.4.2 缩略词及缩略符号

一般说来，科技文章严谨规范，较少使用缩略词及缩略符号可避免出现歧义或误解。但是，缩略符号也使表达更为简洁，某些缩略符号已达到约定俗成、普遍认可的地步，进入了英语日常词汇。在相应汉语技术文献中，有时直接用英文缩略符号，有时是这些专业术语或缩略词的音译。甚至在某些情况下，人们更熟悉这些缩略词及缩略符号，而淡忘了它们的全称。

例 2. 电力市场目前应用 Interne 进行信息交换的 OASIS 和电子标签系统，只是 Internet 在改革后的电力工业中应用的冰山一角……

为了不引起误解或曲解，采用全称加缩略形式，再加上补充说明的形式更为普遍。

4.3.4.3　词汇的专业语境

科技英语的词汇可粗略分为专业的，半专业的非专业性词汇。科技英语作为一种正式文体，一般多采用正式词汇，以显得严谨。专业性词汇非常专门化，定义严密精确，用于某一特定的技术领域科技英语的任何学科都有一部分这种词汇，是本专业所持有的。

值得注息的是，即使在同一学科，同一词汇与不同词汇搭配语意也会有所不同：

例 3. filter 滤波器，滤色器

amplitude filter 振幅滤波器

primary filter 基色滤波器

tramp filter 干扰滤波器

filter paper 滤纸

半科技性词汇对专业语境有非常张烈的依赖作用，如：inference，stimulate，function，operation，core 等词，不同学科中均可有这些词汇出现，也可出现在普通英语文体中。读者必须有广阔的英语及汉语背景知识，才能做到理解准确，翻译到位，而不至于闹笑话。比如将 cage generator“鼠笼式电机”译成“鸟笼式电机”。

多数科技语篇中的一般词汇是多音节词，而不是那些单音节，来自英语或法语的“小词”。当有多个近义词可供选择时，“大词”是首选对象。

4.3.4.4 短语名词化（Nominalization）

科技概念需要一种清晰的语言风格和词汇。除了明显的单词特点外，短语构成也有别于一般文体语境。从英汉对比角度看也是如此，汉语较多出现并列分句，英语则不然，短语的频繁使用有助于突出主句信息，次要信息则变成从句或短语独立结构。

名词化短语（Nominalization）的使用有扩大趋势，大量使用名词化语言来替代形容词、动词、甚至从句，是科技语境的新特点。若干名词短语放在主干词（Head）之前，可用来替代动词性短语，后者反过来又可替代从句，使语言表达更为简练而同时容纳较多信息。

名词化短语往往以这样的结构出现：“名词 +of 短语 + 其他成份”。其中，“名词”表示某种行为，“+of 短语”预示动作的发出者或者动作作用对象，“其他成份”通常由介词短语或其他成分，相当于所需动词的补足成分。名词性短语语境成份一般有三种：

第一，动作发出者，多用于 of 短语中。

第二，指动作的作用对象。

第三，如果动作发出者和作用对象同出在句子中出现，“+ of 短语”一般表达作用对象，而“+ by 短语”指动作发出者。

名词化的另一特点是大量使用名词作定语：

例 4. butterfly valve：valve like a butterfly laser noise laser noise amplitude modulation：the modulation of noise amplitude by means of laser

4.3.5 语境在科技翻译中的作用

在科技英语翻译中小至词素、词组、句子，大至段落、语篇，都可以发现语境分析的作用。科技翻译既受一般翻译语境因素的制约，又受科技体裁本身所具有的特殊语境因素的制约。这主要体现在语义对语境的依赖性和语境对语义相应的制约性。

4.3.5.1　确定词义

无论是汉语还是英语，一词多义现象普遍存在。如 compiler 通常指“编纂者、汇编者”，然而在计算机英语中，则为“编译程序”之意。work 一般来讲为“工作”或“作品”，但在物理和力学中又作“功，做功”讲。怎样从多种语义选择唯一恰切的意义呢？由于一个词的词义受其周围词的约束，所以进行科技翻译时，翻译人员可通过分析其周围词来获得一个多义词的确切含义，即通过词组内语境来确定词义。以多义词“finish”为例：

(1) finish of erection

finish allowance

finish applicator

在这三个词组中，finish 分别与 erection，allowance 和 applicator 搭配，受其约束。因此，翻译时 finish 的词义分别由其相搭配的词来决定，可以分别解释为“完成、加工”与“油剂”。所以在实际翻译中词组语境对于确定一个多义词的具体意义有着重要的作用。

(2) Anti–nuclear organizations want to ban the bomb.

译文：反核武器组织要求禁止使用核武器。

通常 bomb 指“炸弹”，在此句中“炸弹”之意显然讲不通，反核武器组织是不可能禁止一切炸弹的。细看整句话，认真的译者会发现 bomb 前面的 the，“the+ 名词”构成了具有特定意义的固定用语，不能按我们日常用的意义来翻译，必须注意到语境，只有这样才能恰当地处理好语言中的细枝末节。The bomb 的固定意义为“原子弹”或“氢弹”，这就给正确理解 bomb 的含义提供了句内语境。

Develop 一词具有多种含义，即“发展、发育、发达”；“冲洗（已曝光的底片）”；“开发（上地）”等。在不同的句子中，译者就必须通过上下文来从中选择正确的义项。如：

(3) Though Brazil is one of the richest countries in the wand，much of it has rest been developed.

译文: 虽然巴西是世界上最富的国家之一, 该国的许多地方仍未开发。

(4) In some way, positive and negative ions are developed in a thunderstorm.

译文：在雷雨中，正离子和负离子以某种方式形成。

(5) The films developed and the degree of fogging observed is a measure of the gamma-way exposure.

译文：经显影之后，可以根据观察的模糊发黑程度来确定 Y 射线的照射程度。

从以上句子可以看出，develop 在不同的语境中有不同的意义，译者必须根据句子语境来确定其含义。词汇意义的确定依赖于语境，而语境又对词汇意义起着限制作用。

4.3.5.2 消除歧义

歧义句（ambiguity）传统上被认为是本身具有两个或两个以上不同意义的句子。歧义是所有语言中，普遍存在的现象，它会给一些特殊的语言文体，（诗歌、文学作品、广告、演说等）带来意想不到的效果，而在需要传递准确信息的科技文本中是不容许存在歧义的。一些有多义的词语在一定的语境中，歧义是会自然消除的，否则就需要慎重选择词语和采用严谨的语句结构，以排除歧义。如看到这样的标题 Bulls and Bears Face Similar Challenges 在不同的环境里可有不同的理解。如果这标题指商业方面，那么它是关于股票分析者或投资者；如果这标题指的是体育方面，它是指本部在芝加哥的职业体育队；如果指科研，这标题是关于大的哺乳动物，像这样的歧义句必须放到适当的语境中去理解。

Leech 曾谈到语境的三大作用：①语境消除信息中的歧义和多义；②语境指出某些指称词的所指；③语境能提供说话人和作者省略的信息。

(6) After making a skirt test flight at 4:15 a. m., Bleriot set off half an hour later. His great flight lasted thirty–seven minutes. When he landed near Dover, the first perm to greet him was a local policeman.

译文：布莱里奥在上午 4 时 15 分作了一次简短的试飞，半小时后就启程飞行。布莱里奥这次具有伟大意义的飞行持续了 37 分钟，他在多佛附近降落时，第一前来接他的是当地的一名警察。

“land”作为动词有不同的含义，既可以理解为“登陆、上岸”，也可理解为“降落、着陆”。但从上下文来看，“land”在此句中可取“降落、着陆”之意，消除了信息中的歧义，使译文的表达真实严谨，措词准确，清晰无误。

在科技翻译中语境与专业背景知识结合是消除歧义的方法之一。例如：

(7) The spinning cell is heated by six nichrome wire electric heaters totaling 18.0 kw.

译文：纺丝甬道用 6 个镍铬合金电加热器（总计 18 kw）来加热。

该句中，cell 是一个多义词。常用的科技英汉词典将其解释为“小室、隔室；电池、光电管；单元、元件”等等，而这些词义都不适合上句。如果译员熟悉化学纤维上艺，注意到此句话的相关语境，就很容易确定 cell 的汉意为“甬道”了，因为在化纤工艺中经常使用该词。当然，也就不会产生歧义了。

几乎所有的书刊在提到 can' t… enough 结构时都说，该结构采用否定形式表不肯定意义，应译为“无论怎样……也不过分”或“越……越好”。然而，这种说法有时在进行翻译时却行不通，甚至会碰壁。请看下面一例：

(8) As IIT cannot graduate enough students to fill these needs, every street corner now sports billboards for private academies offering certificates in computer programming.

译文：因为印度技术学院无法培养足够的毕业生去满足这些需要，现在印度私立学校遍地开花，颁发电脑编程证书。

若按上述说法，译文就解释不通。由此可见，can' t⋯ enough 结构的语义确定要顺应语境，相关的句内语境因素给其语义的确定提供一个大致的指向，并根据词语搭配、修饰与限制关系及我们的社会常识，就可以避免歧义的产生。

4.3.5.3 使译文符合汉语表达习惯

英语和汉语由于各自的文化背景、风俗习惯、思维方式等不同，各自在词法、句法、篇章结构诸方面皆存在较大差异。英语重形合（Hypotaxis），汉语重意合（Parataxis）。汉语是一种意境（Artistic inception）语言，以神驭形，结构松弛，多是意思连接的积累式分句或独立单句，彼此的逻辑关系多以句序之先后加以暗示；英语遣词造句讲究逻辑性，最忌流散疏放，借助连接词、关系词、指代词等手段来凸现句子间的逻辑关系，以形摄神。翻译过程中需注意语篇语境，对译文中的衔接关系做适当的调整，译文才会符合译入语的表达习惯和规范，不留译痕和翻译腔（Translationese）。

(9) A scientist constantly tried to defeat his hypothesis, his theories, and his conclusions.

译文：科学家经常设法否定自己的假设，放弃自己的理论，推翻自己的结论。

原文中的“defeat”同时与三个宾语搭配，但根据上下文，汉语动宾搭配习惯，则必须使用不同的动词。所以，译文使用了三个动词分别与“假设、理论、结论”相搭配，准确地表达了原文的意义。

(10) Filtration is a simple process of passing the liquid through a sieve in which the holes are too small to allow the passage of the solid.

译文：过滤是使液体通过筛子的简单过程，因筛孔特小，固体物不易通过。

考虑到汉语表达习惯的特点，为使汉语读者更好的理解原文所传达的信息，此例采用了分译和转译的翻译方法，把原文灵活地译为三个短小的分句，同时又运用了因果从句，使译文更加符合汉语的表达习惯。

(11) But it was left to scientists of our time to develop powerful killers of these hateful micro–organisms.

译文：然而研制这些杀死可恶微生物的高效药物的任务落到了当代科学家的肩上。

英语中多用被动句，尤其是在科技英语中，为使文章更加客观真实，很多情况下都使用被动句。汉语被动句的使用则没有那么频繁。此例即把被动句转译为主动句，同时又采用了增译法，添加了“任务”一词，使译文更加符合汉语读者的阅读习惯。

第四节　旅游英语在语境中的应用

旅游是人类最古老的活动之一，是社会经济发展到一定时期的产物。随着商品社会的发展，古代社会出现了帝王的巡游、谋士们的政治游说、学者们的学术考察、士子们的漫游以及宗教旅行、航海活动， 但这种活动还不能称为严格意义上的“旅游”。直到 1841 年英国人托马斯·库克以包租的形式组织了一次团体旅游活动，被世界公认为是一次划时代的旅游活动。近代旅游活动就此开始。中国是一个拥有悠久历史的文化大国，数千年的发展给我们留下了丰厚的旅游资源，不仅有叹为观止的自然景观，更有蕴含着民族气息的人文景观，中国特有的旅游资源每年吸引着大批国外游客来中国旅游观光。

随着中国国际地位的增长，以及2008年奥运会的召开，中国的旅游业迎来了一个崭新的阶段。根据世界旅游组织发布数据，到2020年，中国成为了世界第一大旅游目的地国、第四大客源输出国。每年有1.37亿人次来中国参观、访问和游览。旅游业是一个综合性的产业，有着丰富的文化内涵。正是由于异域不同的文化气息，才吸引着大批的外国游客来旅游。

但在另外一方面，文化的差异在某些方面又成为旅游的障碍，不同的文化思维和文化视角会造成不可避免的“文化碰撞”，给旅游活动的开展带来不少困难。在这种情况下我们应该认识到，文化有着同一性和共通性，大部分情况下不同文化背景下的人都能够正常的交流，这是主流。因此在旅游业中，我们应该尽量避免出现文化的“碰撞”，促成文化的正常交融，让旅游者感受到异域文化的独特色彩和韵味，只有这样才能促进中国旅游业的蓬勃发展。

4.4.1 语境在旅游英语文体中的体现

旅游材料文本是一种功能性非常突出的实用文体，它的主要功能就是向读者提供，并使读者理解、接受它所宣传的旅游信息，激发读者的旅游兴趣，从而达到促使读者采取行动旅游的最终目的。在旅游材料汉英翻译中，如果译文无法实现这样的功能和目的就不能算是成功的翻译。大部分来中国旅游的西方游客大多为中国五千多年的悠久历史文化及加速发展的现代文明所吸引，而旅游材料中往往承载了大量此类的文化信息。

因而，能否正确、恰当地传达原语旅游材料中的文化信息是能否实现旅游材料汉英翻译功能的重要因素。然而由于东西方文化之间存在的巨大差异，使得英汉两种语言在社会、历史、政治、经济及文化构成方面有着完全不同的背景，形成了各自独特的意识形态、思维方式、人生观、价值观和风俗习惯。这些文化属性上的差异又使人们对同一类事物或概念有着不尽相同的理解和阐释。在汉语和英语中，各自的旅游材料在语言结构、风格及文化表达上往往各不相同，一份优秀的旅游材料在原语的文化背景下是成功的，但如果在翻译时忽略其目标语读者的文化背景，对语言的深层文化含义处理不当，逐字逐句机械地译成目标语，就会引起误解甚至导致文化观念上的冲突。

因此，为了在译文中再现旅游材料的功能与目的，最大限度地传达原语包含的文化信息，在充分考虑英汉不同社会背景的前提下，采用科学的、可操作的翻译手段，解决东西文化差异造成的语义缺省和冲突，完成语言文化内涵功能意义上的转化。

语境包括语言语境和非语言语境，而非语言语境又包含情景语境和文化语境。以下主要从情景语境和文化语境来分析。

4.4.1.1　情景语境

情景语境指言语交际发生的时间、地点和当时的具体情况。一切话语行为都是在特定的时间和空间里进行的。情景语境涉及这几个因素:（1）谈话者，听者；（2）话语过程中话语参与者进行的活动；（3）外部客体与事件；（4）“措称”特征。

例如：汉语中有个谚语“夏练三伏，冬练三九”（激励人们坚持锻炼身体）。某导游对几名加拿大游客说“three fu”和“three nine”。这几名加拿大人莫名其妙。如果他能翻译成“In summer keep exercising during the hottest days; in winter do the same thing during the coldest weather”。就不会让那几名外国游客不知所云了。此例中的导游脱离现实状况，没考虑到听话者对这一中国谚语不了解，只是简单的逐字翻译，当然会让对方不知所云了，因此导致交际失败。

再如这段饭店女招待和外国男游客的对话：

A：Would you please serve the chicken undressed?

B：No, I can' t.

A：Why not?

B：You are in China, sir.

这位女招待把“undressed”理解为“不穿衣服”的意思，却不知道它是个多义词，不能考虑到当时的情况是外国游客在饭店就餐，他点了蜜汁鸡脯，这位客人其实是要求上菜时不要把汁事先浇在鸡脯上，他要自己来浇。倘若在交际中旅游从业人员不能考虑到语境，而只简单根据直译或未在具体的情景中理解对方的言语，就会造成听话者和说话者的误解，导致交际不能取得预期效果或圆满的交际效果。

4.4.1.2　文化语境

文化语境是一种广义上的情景语境。语言是不可能离开文化而存在的。社会文化对词义和话语意义自然有影响。社会文化的差异会导致同样的一个词可能具有不同的意义。

例如：某外国游客参观完一处景点后对导游说：“Thank you”。该导游乐呵呵回答:“It is my duty”,这句话让外国游客听起来不那么舒服了。因为“duty ”有“不得不做”的含义。“It is my duty”的含意是：我本不想做，但这是我的职责，所以不得不做。这与汉语表达的原意有很大出入，适当的回答是“It' s a pleasure./Don' t mention it. /You' re welcome.”等。假若旅游从业人员没掌握有特殊文化内涵的英语词语或不能从游客的文化背景的角度来考虑问题，也会出现语用失误。

人类生活在物质世界中，就会接触各种各样的物质，从衣食住行涉及的日常生，但是由于生活环境和习惯的不同，相同的物品也许用途不同，或者不同物品用于相同目的。像“粽子”“阴阳”“春节”等词是汉语中所特有的，有着深刻的文化内涵，在英语中找不出与之相对应的词语，在给外国游客讲解这方面的知识时，如果将“粽子”译为 a pyramid shaped dumpling made of glutinous rice wrapped in bamboo or reed leaves （eaten during the Dragon Boat Festival），不仅显得冗长拖沓，关键是原有的文化意义尽失，外国朋友虽然知道了“粽子”是什么东西了，但是还不知道屈原这位伟大的爱国主义诗人，更不知道为什么在六月初六当天要赛龙舟吃粽子。

再如“春节”一词，经常被称作 Spring Festival，按照字面意思，外国朋友至多理解为这是“春天的一个节日，是中国人一年中最盛大的传统节日”，至于过春节家家户户包饺子、贴春联、放鞭炮等更为关键的信息都丢失了。在另一方面，汉英两种语言同样的物质却有不同的联想意义和隐含意义。最有代表意义的莫过于“龙”在中西文化之间的差异，一个是皇权和高贵象征、而另外一个则是邪恶的代表，导游人员在给外国游客讲解有关“龙”的内容时，一定要介绍一下中国的文化背景，否则我们作为中华民族“龙的传人”就被外国游人们理解为“魔鬼的传人”了，他们看到故宫宫殿建筑之上巨龙缠绕，就会以为中国的帝王们像恶魔一样恐怖。

历史文化是由特定的历史发展进程和社会遗产的沉淀所形成的文化，它的一个重要内容体现为历史典故。历史典故具有浓厚的民族色彩和鲜明的文化，例如山东烟台蓬莱的“八仙过海”典故，“八仙”是中国传统神话传说里头的神仙，与外国人所了解的上帝、耶稣是不同的。

宗教文化是人类文化的一个重要组成部分，它是指由民族的宗教信仰意识等所形成的文化，主要表现在不同民族在崇尚、禁忌等方面的文化差异。例如儒教、道教、佛教是中国的三大宗教，在中国民众之中有着深远的影响，而在欧美文化中并不存在。道教里的玉皇大帝是至高无上的神仙，因而封建社会把尽量避讳玉皇二字，山东烟台毓璜顶公园原名玉皇顶，建于元代，清光绪十九年（1893 年）重建顶上庙宇时，为避玉皇大帝讳，由雅士刘次垣提议，将“玉皇”更为“毓璜”， 一直沿用至今。

风俗习惯时刻表现在一个民族的日常生活中。例如我国云南傣族的“泼水节”，是纯正的傣家风情，为的是通过泼水，祈求快乐、祥和。而在外国人看来泼水节就是互相泼水的节日，对于节日的由来、意义、民族都不甚了解。我们中国人对于西方某些节日的由来如果不经过了解学习，也是不甚了解的。

4.4.2 旅游英语文体的特点

1. 汉语的旅游景点名称或介绍凝练、简短、表意丰富，多以四字成语为主。大多数旅游景点都有古代名人的佳作，其文笔优美，文化性、抒情性很强，尤其是四字句的用法，更能体现出汉语的优势与特色。事实上，不仅仅是古诗词，现代汉语文学作品以及旅游资料中的景点介绍也越来越频繁地使用四字格。四字格有两大类，一类是汉语成语四字格，另一类是普通词语四字格。汉语成语有百分之九十七采用四字格，这完全是从四字格的优点出发的。

总地来说，四字格有三大优点：从内容上讲，它言简意赅；从形式上讲，它整齐匀称；从语音上讲，它顺口悦耳。英文表述通常直白、简洁、明了，二者在翻译时很难出现字面上的直接对等。如：“杭州的春天，淡妆艳抹，无不相宜；夏日荷香阵阵，沁人心脾……”译者将它译成 Sunny or rainy, Hangzhou looks its best in spring. In summer, lotus flowers bloom. 其中“淡妆艳抹”，译成 sunny or rainy，显然出自苏轼的诗：“水光潋滟晴方好，山色空蒙雨亦奇，欲把西湖比西子，浓抹淡妆总相宜。”这就是所谓的“互文意义”。如果对这首诗不熟，自然不能领会“淡妆艳抹”的意味，在翻译时免不了闹笑话了。

2. 中国文化历史悠久，在介绍景点名称时，会涉及到大量的历史事件、朝代名称、各种人物或者神话传说等等，其中很多都是中国所特有的，在西方国家中找不到对应的词汇。例如：苏州著名园林“拙政园”译为

Garden of Humble Administrator 就要比 Zhuozheng Garden 效果好得多。因为“拙政园”是明朝嘉靖年间御史王献臣辞职回乡后在大宏寺遗址所建造的别墅，并借用近代潘岳《闲居赋》中“拙者之为政也”一句为园名。如果是导游口译的话，可以解释其历史背景，将更加引人入胜，使旅游者不仅被美丽的景色所吸引，而且沉浸在深远的历史情思之中。

3. 旅游英语在互译过程中涉及到大量常识背景知识和专业知识。例如：《世界遗产名录》是有固定译法的资料档案，译者若翻译成 the Directory of World Heritage，虽然没有语法错误，但不符合其固定的说法，也是不可取的。遇到这种情况，一定要查阅相关信息，找到其固定译法 World Heritage List。此外，在翻译过程中也会涉及到大量的专业知识，相应地要求译者尽可能多地掌握原语言和目标语言中专业知识。因为缺乏专业知识，译者无法真正地理解原文想表达的意思，在翻译时无法传达出原文的本意。例如：“奇特的石英砂岩大峰林地质地貌”被译为 quartzite sandstone land form，几乎被简化得没有地质专业特色了。实际上原文的每个词都代表张家界森林公园的独特之处，并非可有可无。“地貌”如果用 land form 表示，应当用复数形式 land forms。原文的这句带有地质专业术语的话最好译成：the unusual geologic landforms of fantastic quartzite sandstone hoodoos。这样会更加准确，也更能反映出张家界森林公园的特色。

4.4.3 旅游英语文体的翻译方法

4.4.3.1 景点的音译和意译

完全音译适用于对地名的翻译，此类翻译涉及的文化内容较少，不会造成游客理解上的障碍，如北京（Beijing）、八达岭（Badaling）、南京（Nanjing）、沈阳（Shenyang）等。在翻译中采用最多的是音译加意译，主要适用于对景点和景区的翻译。比如把天安门广场翻译成 Tian' anmen

Square， 前半部分是采用音译方法，直接译为 Tian' anmen，而后半部分是采用意译方法，这样就把两者很好的结合起来，外国游客一眼便能看懂。如果采用完全意译的方法，把天安门广场翻译成 Heavenly–peace Square，则把景点完全西化了，无法传递出地名的信息。类似的翻译还有八达岭长城（Badaling Great wall），承德避暑山庄（Chengde Summer Resort）等等。目前大多数人主张采用音译加意译的方法翻译景点和景区，这样一方面有利于西方游客的理解，另一方面有利于传递中国的地名信息，无形中增进了游客和中国文化的沟通。例如："断桥残雪"这个景点的翻译就有许多种：

Snow on the Broken Bridge（断桥之雪）

Snow Scene on the Broken Bridge（断桥雪景）

Last Snow on the Broken Snow（断桥上正在融化的雪）

Melted Snow on the Broken Bridge（断桥上融化了的雪）等。

这些翻译都没有把该景点的意境翻译出来。因为，"断桥残雪"的名字包含一段历史典故：南宋时期有一批有骨气的文人对朝廷不图恢复中原而只顾偏安江南深怀不满，于是常借题发挥，以发泄心中的不满。画院画家马远等人作画时常常多画"一角""半边"之景，意思是在讽刺朝廷偏安一隅。下了大雪后，在原来苔藓斑驳的古桥上面，雪已经在慢慢融化，但又未完全消失，此景致在多情的画家看来，就难免有残山剩水的感觉，"断桥残雪"这个景点名字由此得来。显然，在外国游客看来，以上译文所反映出的景点也不过字面的意思。如果译成"Remnant Snow on the Broken Bridge"和"Lingering Snow on the Broken Bridge."就会好得多。因为这样的翻译比前面的译文来说，能尽量表现"断桥残雪"丰富的内涵。

4.4.3.2 运用"言内语境"

"言内语境"即语篇内部的环境。旅游翻译要想达到预期的效果，在翻译的解码和编码过程中，必须正确理解并转译其“言内语境”。“话语和环境互相紧密地纠合在一起，语言环境对于理解语言来说是必不可少的。”要想吸引外国游客，在进行旅游英语翻译时就必须要考虑语言的言内环境，并考虑到不同民族的思维方式。

一般来说，英语旅游资料的翻译大多简洁明了，语言通顺流畅，注重信息的准确性和语言的实用性，讲究朴实的自然美。而汉语的行文讲究文采，追求四言八句，以达到音、形、意都美的效果。例如：

杭州西湖如明镜，千峰凝翠，洞壑幽深，风光倚丽。其中的“千峰”“凝翠”“洞壑”“幽深”等词在汉语中描绘了一幅极美的画面，意境很美。如果用直译将它们译为：“thousands of the mountain peaks condense the emerald green color”，“the caves and ravines are very deep and quiet”则不符合英语的行文习惯。如译成：“The West Lake is like a mirror, embellished all round with green hills and deep caves of endless chanting beauty”则符合英语的行文习惯，不仅简洁明了，能准确地反映出中西方思维方式的差异和审美习惯的不同，而且符合外国游客的表达习惯。

4.4.3.3 补充原语文化信息的不足

翻译是一项跨文化的人类活动，翻译意味着文化与文化之间的比较。旅游材料译文的读者是来自于异域国家，异域文化的外国游客，他们不远千里来到中国，是为中国古老而悠久的历史文化和秀丽的自然风光所吸引。经过长期的历史积淀，中国的旅游文化有其自身一个很明显的特点，那就是不论自然与人文景观都往往和历史事件、名人逸事、典故传奇等密切相关，这便对旅游资料的汉译英提出了特殊的要求。由于汉英之间文化的差异，字对字的翻译并不能够贴切传达文字本身包含的意义。如：

林边有一个洞叫白龙洞，传说白娘子曾经在这里修炼。

译文一：There is a cave named White Dragon Cave near the forest, which is said to be the place that Lady White cultivated herself according to

Buddhist doctrine.

对于中国读者来说，“白蛇传”是个家喻户晓的传奇故事，“白娘子”更是这个典故中人人熟知的人物，因而汉语读者对此没有理解上的任何问题，而对于来自不同文化背景下的英语读者而言，读到上面的译文时，不免要产生这样的疑问：怀特太太是谁？她如何在这么小的洞中修炼？倘若如上仅仅是把原语中的字面意思翻译到目的语中，就无法解除英语读者的困惑，因而可以增译为：

译文二：Near the forest is the white Dragon Cave which is said to be the very place where Lady White, the legendary heroine of the story of the White Snake, cultivated herself according to Buddhist doctrine.

与译文一相比，译文二中增加了关于“Lady White”的加黑部分信息，增译后的译文不仅使译文在句子结构上更为紧凑，而且让英语读者一下就明白，“Lady White”只是个传说故事中的人物，而非一个叫做“怀特”的在如此小一个洞中修行的中国妇人。

同样，在翻译一些汉语特有的文化专有项（Chinese cultural specific）时，仅是停留在语言层面的字面翻译不能传达原语所包含的文化信息，译者需要充分考虑到外国读者能否理解。例如，在翻译“阴阳”时，光是音译还远远不够，因为“Yin Yang”这两个汉语拼音对于英语读者不仅很难发音，而且无法理解其中蕴藏的文化信息。“阴阳”需增译为：Yin and Yang（in ancient Chinese philosophy, these are two opposite principles existing in nature and human affairs）。同样地，“江南”不仅是“South of the River”，而需增译为：South of the River, a region in the lower Yangtze valley, including southern Jiangsu and Anhui and northern Zhejiang provinces, much celebrated in poetry for its beautifies and joys；“泼水节”需译为：Water Sprinkling Festival, a big festival for the Dai nationality to wish everyone happiness by splashing water to one another。

Newmark 强调此类旅游材料实用文本的翻译中，“译文的语言应让目标语读者马上理解。因而使原语在目标语中产生语用功效之前，应对原语中语言和文化层面的信息进行加工”。因而为了准确地表达原文的真实含义，译者常常需要在译文中增加某些文化信息，以便于目标语读者更好地接受和理解。

4.4.3.4 删减原语中冗余的文化信息

东西方不同的文化背景差异使得同样的文本类型会使用不同的语言表达与结构，这是因为使用什么样的语言和结构总是要受相应文化心理的制约。正如奈达所说，没种语言都有自己的特征，要进行有效的交流就必须遵循每种语言的特征。好的译者不会把一种语言形态结构强加到另一种语言之上，而是随时作必要的调整，把原语的信息用目标语的结构表达出来（Nida and Taber，1969）。汉语旅游材料有一个重要特征，那就是文本中往往包含了大量的文化信息，特别是对于特定的历史文物古迹、景点的介绍描写，汉语作者往往不惜笔墨加以描述。例如：

……环湖的山峰外观秀丽挺拔，势若骏马奔腾。在西湖风景区内，分布有苏堤春晓等名胜四十余处，以及六合塔等三十余处古迹。沿湖四周，花木繁茂；群山之中，泉溪竞流；亭台楼阁，交相辉映；湖光山色，千古风情，令多少人流连忘返。“上有天堂，下有苏杭”的赞语真是恰如其分。

原文中有大量华丽的四字成语用以描述西湖这一景点，目的是唤起汉语读者心中美的感受。倘如所有这些词藻加以保留翻译到英语文本中，在英语读者心中不但不能起到同样的审美效果，反而会适得其反。这些堆砌的华丽词藻对于英语读者来说没有任何实质性的含义，而只能加重他们的阅读负担，使他们无法消化理解。因此，对于此类冗余的文化信息，译者可以删去。此例子可以译为：

The mountains towering around the lake look like galloping horses, presenting an imposing air. Over 40 scenic spots and 30 historical sites dot the West Lake, such as "The Early Spring at the Su Causeway" and the Pagoda of Six Harmonies. The causeways, bridges, pavilions, springs, trees and flowers in and around the West Lake make it a paradise on earth, where one cannot tear himself away.

对于此类包含冗余文化信息的汉语旅游材料，译者需要尊重目标语读者的语言习惯，加以删减，避免过度翻译（over-loaded translation），使译文更容易为英语读者所接受和理解。

4.4.3.5 重组和转化文化信息

东西方社会文化的差异在汉英翻译语际交流过程中常常构成理解和表达上的障碍。翻译既是语言交际手段，又是文化传递工具。在语言之间，文化之间能通过寻找翻译对等语，适当方式重组原文形式和语义结构来进行交际。对原文结构和内容动"手术"，关键要投其所好，迎合英语读者，即找到旅游文本材料和游客之间的最佳关联。如：

例如：……从前，在此时此刻，游人惊魂未定，江面上又会出现另一幅奇景：几百名游泳好手，个个披发纹身，手擎大小旗帜、红绿小伞跃入汹涌澎湃的潮头执旗泅水，踏浪翻腾，动作惊险异常……有一首《酒泉介长忆观潮》词写道："长忆观潮，满廊人争江上望。来疑沧海尽成空，万面鼓声中。弄潮儿向涛头立，手把红旗不湿。别来几句梦中看，梦觉尚心寒。"

例子中引用的诗歌内容对于普通汉语读者来说，要去理解其中的字词句的含义尚有困难，即使是译者有非常强的双语功底，费尽心力尽地将之逐词逐句翻译成英语，恐怕还是无法达到原语文本想要达到的效果。而经过译者的稍加研读之后，不难发现这首词的主要目的是描写这些游泳好手惊心动魄的水上表演以及观看者的紧张心情。因而，译者不妨可以将这些游泳者的表演类比为英语读者较为熟悉的冲浪运动，从而完成原语与目标语之间的文化转化。上述例子可以译为：

In days of old, another astonishing sight would greet the bore watchers' eyes just as they had recovered from the shock. Hundreds of excellent swimmers, their longhair hanging loose and their bodies tattooed, would play with the tides. Their stunts are no less daring and exciting than surf riding today!

再例如：在我们的前面有一高大的石柱，它看上去很像是一棵塔形的雪松！它是多么挺拔亮丽啊！俗话说：松无雪不精神。这棵雪松，披上了一层厚厚的雪，体现了一种“大雪压青松，青松挺且直”的不畏严寒，傲视霜雪的高贵品质。

译文：Towing in front of us is a tall stone pillar, which looks very much like a snow pine in the shape of pagoda. It looks so straight just as a popular Chinese saying goes that a pine does not look smart without being clad by snow. 在中国文化中，“松、竹、梅”被称为“岁寒三友”，“松”体现着刚正不阿、坚忍不拔的高尚精神，而在西方文化中，“松”并没有这样的文化内涵。这是因为受其各自文化的影响，不同的语言对同一事物，有着不同的文化内涵。Newmark 认为此类文化专有项（cultural specific item）常由本国人士译成外语，译者往往怀着民族自豪感从事此类翻译。

然而许多译者费尽心力逐字逐句译出的美景在英语读者那里却得到了适得其反的效果，使英语读者感觉文本内容缺乏可信性。“语言不应被看作真空状态下的独立现象，而是构成文化的重要一部分”。以上译文没有拘泥于汉语旅游文本的语言描述形式，而是以译文的预期功能为主要目的，着重体现原语文本的气氛和深层含义，对有悖于西方读者接受能力和阅读习惯的语言进行适当的重组和转化，使译文表达更为简洁，达到了更好的翻译效果。

第五节 文学作品

4.5.1 文学作品的特征

文学作品不同于政论文、科技文、应用文，不是通过说理，通过逻辑推理去表达一个现象，而是以丰富的艺术感染力和生动的语言，塑造不同的人物形象和情景，能使读者读后如闻其声、如见其人、身临其境。所以，要求译者将作者煞费苦心完成的作品一要准确无误地理解，二要注意修饰色彩和语言特征。

文学作品是以作家的感受、体验和理解反映社会生活的。文学作品的描写取决于作者的思想立场和世界观。一部作品的理解，不能仅从它的历史和社会背景去把握，还应从产生这个背景的作者的世界观、思想倾向、生活经历、创作道路、美学趣味等方面去了解和把握。

文学作品除共有特征外，各个国家的作品都具有自己的国家、民族特点。所以，翻译时应根据不同国家的文学特色分析探讨，寻求一个理想的表达方法。

文学作品的体裁很多，有小说、散文、剧本、诗歌等。无论何种体裁的作品，其本身都反映着历史、社会生活、作者的思想倾向和艺术风格。这样的特征决定了文学翻译不同于其他文体的翻译，它不仅要传达原作叙述的内容，而且还要着力传达原作的感情和意境，所以，了解语境、做好语境分析是文学作品翻译中的一个重要环节，也是最具难度的问题之一。一些译者在进行翻译时往往忽略了这一点，使译文难以完整地复现原文的艺术效果，甚至出现粗制滥造之作。所以，对语境的了解、把握程度有时是决定译文优劣成败的关键。

因此，文学作品的特征决定需要进行语境分析文学作品，不论古代的还是现代的，不论是中国还是外国的，都是一定社会生活的反映。文学作品的题材广泛，涉及到政治、经济、军事、历史、地理、风俗习惯，教育制度等方面，不论翻译哪一个国家的文学作品，首先要了解、研究这个国家的社会生活。

4.5.2　语境分析在文学翻译中的作用

语境分析是文学翻译的一个重要环节，对语境的了解、把握程度直接关系到译文的优劣。语境分析应从大处着眼，把握文学作品的整体框架和所反映的历史文化背景；从小处着手，重点解决作品局部的逻辑、语法和关键词语诸问题。只有在准确把握原文语境的基础上进行翻译，才能够真实再现原文的艺术效果，进行文学翻译的二次创作。

语境在交际活动中对意义的理解起着决定作用，在翻译过程中也是如此。语境不但对词义的取向起着决定作用，而且还影响到译文对原文风格和人物性格的再现。译者应根据原文风格和人物身份等因素构成的语境，充分理解原文并把握原文特点，以图准确再现原文风格。

4.5.2.1　社会文化语境因素对文学翻译的影响

社会文化语境指语言运用的社会文化背景、历史文化传统、思维方式、价值观念、情知及社会心理等反映和决定某一语言系统的所有内容。“文化语境是社会结构的产物，是整个语言系统的环境。具体的情景语境则来自于文化语境”（胡壮麟）。语言是社会文化的一部分，同时又反映社会文化；语言不能脱离社会文化而存在，社会文化是语言赖以生存和发展的基础。

不同语言文化在历史传统、价值取向、风俗习惯、宗教信仰、思维方式及地理环境等方面的差异会使同一词语在不同文化语境中产生不同的语义，引起的情感也往往因文化不同而各异。文化上的差异，尤其是东西方文化的差异，导致了人们对同一事物或同一理性概念的不同理解和解释，有时甚至引起误解。

例如，英语单词 individualism，有相当一部分英语学习者将之视为“个人主义”的最佳对等词汇，有很多译者在翻译“我们要坚决反对个人主义”等类似汉语时，将其视为具有贬义的词项。这样的译文是西方读者难以接受和理解的。因为在许多西方国家，人们普遍把 individualism 视为实现个人自我价值的积极表现，当作是拼搏进取的同义词。在西方文化中，在文艺复兴运动以来，对人类自我价值的追求一直是西方人文思想的核心内容之一。

确切来说，individualism 不应译为“个人主义”，而应译作“个体主义”。个体主义是英美等民族文化的核心价值观。二百年来，西方诸国把尊重各人的权利、个人的价值放在了非常重要的位置，它们的政治制度、经济制度和法律思想也深受其影响。自力更生，为人处事喜欢拥有主动权，勇于表达不同观点和尊重他人隐私权利都是个体主义的表现。而在汉语社会文化中，“个体主义”是指只关心个人利益、不顾别人如何的自私自利的思想。因此，从社会文化角度来看，英语中的“individualism”和汉语中的“个人主义”是不能互译的。由此可以看出，翻译中对原文意思的理解远远不是单纯的语言理解问题。

每一种语言都是该语言民族文化的积淀和印证，而作为对另一种语言的理解和阐释的活动翻译，是不可能脱离其赖以生存的社会文化环境。在文学翻译实践中，语言的社会文化语境的影响可以从两个不同的视角加以考虑：

一是宏观视角，特定的时代、时潮或社会风尚可以作用于语境，如对莎士比亚剧本的翻译要涉及到作者运用语言所处的社会背景；

二是微观视角，特定的言语交际目的、交际对象、交际双方的心理因素、交际场合和社会环境，都可能作用于语言使之具有各类功能语体（varieties）以及“正式的等级”（levels of speech）的种种特征。

原文：Oh! Single, my dear, to sure! A single man of a large fortune, four or five thousand a year. Whaha, fine thing for our girls. (*Pride and Prejudice*,

Jane Auten)

张玲和张杨译文：这对咱们的几个姑娘是件多好的事呀！

王科译文：真是女儿们的福气！

虽然一个简单的Fine，但如何译好，我们需要先了解一下作者简·奥斯丁。简·奥斯丁是个活泼聪明，很有吸引力的女性。她快活的天性在其所有的作品中都有体现，她具有显示普通事务的魅力和能力。另外，她的文风轻松自然。

在她的作品中，年轻人的恋爱尽管认真、和谐，但被幽默化后，使其更接近我们大多数生活的普通情感。文中的Bennet太太是一位俗气、浅薄、头脑简单并且有点神经质的家庭型女人。她生活中的大事就是为她的五个女儿找到如意郎君，听说附近搬来一位有钱且各方面条件都好的年轻单身汉，马上联想到如何让家中的一个女儿嫁给他。张玲和张杨的译文尽管在字面上译的正确，但没有考虑到作者个人背景和小说特点；王科的译文更贴切地表达了Bennet太太的心情与愿望，也适合作者用语风格。

语言是信息的载体，更是文化的载体，是文化的反映。因此，在具体的文学翻译过程中，不仅翻译语言的表层信息，更要翻译深层次的社会文化含义。

4.5.2.2　译者处理社会文化语境的策略探讨

在文学翻译实践过程中，一方面要考虑原作风貌及原文体式，密切注意风格的适应性。另一方面，译者还要考虑接收者因素。如下面一段文字的英译文：

（1）原问：周瑞家的听了笑到："阿密陀佛，真坑死人的事。等十年未必都这样巧的呢。"（《红楼梦》第十回，曹雪芹）

杨宪益、戴乃迭译文："Gracious Buddha! Mrs. Chou chuckled" How Terrible Chancy! "You might wait for ten years without such a run risk."

霍克斯译文："God bless my soul!" Zhou Rui' s wife exclaimed, "You would certainly need some patience! Why， you might wait ten years before getting all those thing sat the proper times."

此例中的"阿密陀佛"表示惊讶。杨宪益、戴乃迭译文忠实于原文的文化形式与风格，而霍克斯译文着眼于译文文化读者即接受者的因素，用译文文化形式表达显得更贴近翻译的最终目的。翻译还可以说是译者在进行一种跨文化交际活动。在这一交际过程中，如果交际双方具有相同的社会文化背景，在此基础上的交流，彼此理解起来不会存在多大障碍。但是在翻译中，交际双方具有完全不同的社会文化背景，在此基础上的交流就会产生一些障碍或曲解。由于原语与目的语之间存在社会文化背景语境的差别，添加注释是语境增补的方式之一。

（2）原文：孔乙己是站着喝酒而穿长衫的唯一的人。（《孔乙己》，鲁迅）

杨宪益、戴乃迭译文：Kong Yiji was the only long-gowned customer who used to drink his wine standing.

原文一个"而"字表示站着喝酒和穿长衫是相矛盾的。在旧中国，只有那些享有一定社会地位的人或知识分子才"穿长衫"，坐在座位上慢慢的饮酒。在那个时代，而站着喝酒的人是下层劳动人民，一般情况下他们不穿长衫，站着喝碗酒就要马上去劳动。因此，文中"站着喝酒"与"穿长衫"代表着社会地位完全不同的两种阶层。而孔乙己没钱也不肯脱下破旧不堪、脏兮兮的长衫。因为译文文化读者理解语境的文化内涵很吃力，所以要加注释。因此，转换为译文文化背景理解的方式是解决语境文化差别的另一方式。又如：

（3）原问：到第二年的端午，又说："孔乙己还欠着十九个钱呢！"

杨宪益、戴乃迭译文：At the Dragon-Boat Festival the next year he said the same thing again.

端午节是中国传统的节日，但在西方文化中没有这个节日，转译为龙舟节，可以使译文文化的读者了解和明确此节日的特征，以具体形象的词表示原文的特征可以增强读者更具体的印象。

4.5.3　如何依据语境正确转换各种语体

在文学作品中，各种人物之间的对话，常常是因语境不同，身份不同、职业不同、所受教育程度不同，教养不同而展开的。因此，在文学翻译中，我们应当依据每个人物的身份、地位、职业、所受教育程度及其所处的语言环境，运用译入语的恰当语体来再现原作中各种人物的形象。在制约、影响语体的诸语境因素中，言语使用者的身份、地位是重要因素之一，因此，在文学翻译中，我们首先要依据言语使用者的身份、地位，正确转换原文的语体。例如：

（1）“忽见东府几个人，慌慌张张跑来，说：“老爷宾天了！”众人听了吓了一跳，忙都说：“好好的并无疾病，怎么就没有了？”

在曹雪芹的时代（当今亦然），重要人物或社会地位较高的人物去世是不便用“死”这个字眼的。许多委婉语应需而生。在这一段话语中，贾政死了，东府的仆人呼之为“宾天”，而西府的仆人则应声“没了”。“宾天”和“没了”是带有鲜明社会色彩的委婉语，它们的使用表明仆人与贾政所处的等级与社会地位不同。试比较下列两个相应的译文：

…when some servants from the Eastern Mansion came rushing up frantically, “The old master' s accented to Heaven”, they announced.

Everybody was concatenated.

“He wasn' t even ill; how could he pass away so suddenly?”

(Translated by Yang Shienyi and Gladys Yang P392—393)

A group of servants from the Ningguo Mansion came rushing up in a state of great agitation. “Sir Jing is dead!”

“Dead?” Everyone hearing them was incredulous.

“But he hadn' t been ill. How can he have died so suddenly?” (Translated by Hawkes, Vol 3, 239)

在杨译中，“宾天”和“没了”分别译为“accented to heaven”与“pass away”，保留其语体色彩，但在霍译中这两个词被译成“dead”和“die”。显然“dead”和“die”在语体色彩上与“宾天”和“没了”有明显的差异：“dead”和“die”唐突，而“宾天”和“没了”委婉，译文语体随便，而原文语体谦恭。可以想见，贾府的孝子贤孙若知下人对他们的先人竟如此不敬地用“死”字，必然勃然大怒。在影响制约语体的诸语境因素中，职业也是一个活跃的因素。为了达到交际目的，个人必须掌握一整套基本的语汇和表达方式。而人们的职业语汇占相当大的比重。特定的职业习惯和职业环境会对语言产生渗透，转化作用；大量的专业术语和表达方式进入个人语言，使之产生独具特色的语体。因此，在文学翻译中，要依据言语使用者的职业，正确转换原文的语体。例如：

(2) “He fetched me a good sum, too; for I bought him cheap of a man that was' bilged to sell outs so I realized six hundred on him. Yes, I consider religion a valuable thing in a nigger, when it' s the genuine article, and no mistake” .

(Stowe: “*Uncle Tom' sCabin*” : P2)

我在他身上赚了一笔钱。当时卖主急于脱手，所以来价很便宜，我在他身上净赚六百块大洋。说实话，我认为一个黑奴信教的确有好处。不过得货真价实才行。

他给我卖了一个大价钱，因为有人迫不得已要卖掉他，我就廉价买进，在这个黑人身上赚了六百块钱。是的，我认为诚心诚意地信教在黑人里面是个宝贵的东西，没有错。

上例中的说话者是一个商人，一个贪婪凶狠、浑身铜臭的黑奴贩子。他的职业在他的语言中留下了明显的特征，如“fetched me a good man”“bought him cheap”“sell out”“genuine article”等商业术语。显然，文人、学士语言不会如此铜臭十足。在黄译中，译者用了一连串汉语中别具特色的买卖人口头禅，如“卖主急于脱手”“来价”“净赚”“货真价实”等，活脱脱地再现了原文说话者的口气。但张译的语言似略显平谈了一点，有些词语也有些过于斯文，很难体现原文独特的风格色彩。

说话者的教育程度是形成语体的又一重要因素。未受教育者的语言往往在句子结构上选词上比较简单，带有较多的俗语，暗语，地区性方言以及非规范特征。而受教育者的语言则较为正式，斯文，比较接近书面语。

在文学作品中，受教育者和未受教育者的语言往往有明显的语体差异。这种语体差异经常用来暗示小说中人物不同的社会地位和经济状况等，表达一系列的社会含义。因此，译者在翻译时应重视说话者所受教育程度对语体的影响，以准确、忠实地转换原文的语体。例如：

(1) “And the Gineral, he knows what cookin is”, said Aunt chloe, drawing herself up with an air. “Bery nice man, de Gineral. He comes of de bery fustest families in Old Virginny. He knows what' s what, now, as well as I do—de Gineral”.

(Stowe：*Uncle Tom' s Cabin* P32)

译文一：“诺克斯将军对吃的真在行”，克罗大娘挺起胸来，得意洋洋地说：“将军真是好人！他家是弗吉尼亚州的大户人家。诺克斯将军的识货劲儿真能比得上我”。

译文二：“这位将军，他懂得烹饪是怎么回事”克罗阿姨把身子挺直，带着付神气的样子。“这位将军是位很好的人！他出生于最好的第一流的家庭，老弗吉尼亚州！他什么都懂，鉴别得一清二楚，现在对我们做的事情，也是如此——这位将军。”

克萝大娘的话中充斥着大量语音和语法非规范特征，如“de Gineral(the General)，“bery”（very），“de bery fustest”（the very first），这些非规范特征清楚地表明说话者是未受教育者。翻译小说中未受教育人物的语言除了准确无误地将内容译出之外，要尽可能地保留原文的语体色彩。

在汉语中，未受教育者的语言通常以简单，通俗、口语化为特征。但在许多外文小说的中译本中，这一点却未能得到充分的重视。上例译文二中的“cookin”被十分不合适地译为“烹饪”。这是一个极具专业色彩的词汇，鲜为常人所用。

这样的词出自克萝大娘之口，无异于旧时黄包车夫戴上一顶大礼帽。显然，译文一的通俗词“吃的”在这里似乎更为自然得体。张译中的其他一些词语，如“出身于最好的，第一流的家庭”，“鉴别得一清二楚”，“也是如此”等，也有类似问题，不是太雅就是书卷气重，显然与说话者所受的教育程度不相合。相比之下，译文一的语言要自然得多，口语化得多，更接近说话者受教育的程度。

综上所述，我们不难看出，任何一种语言，其本身就是各种语体的总合。语体要适合语境，社会场合，这是由语境与语体的关系所决定的。我们说掌握一种语言，也就意味着掌握该语言的共核及其语体，翻译涉及到原语和译语两种语言，我们强调译者对两种语言要有深厚的功底，也就意味着译者应当掌握两种语言的共核与各种语体，而且在翻译中要善于对语体进行适当的转换。对文学翻译来说，这一点尤其重要。

正如王佐良先生所说的：“文学语言却构成了一个特殊问题。在文学语言中，不仅各类语体并存，而且作家们经常利用不同语类，语体的转换与对照来达成特殊艺术效果。”我们再三强调，文学翻译既要做到信息内容的再现，又要做到风格的再现。因此，只有注意到语体与文学翻译这种密切关系，我们才能达到文学翻译这种双重目的。

第六节　影视作品

在大众传媒高度发达的今天，不同国家的影视文化之间既有交流融合，同时也存在竞争。对影视作品翻译的研究日益凸显其重要性。语境与影视作品的翻译关系主要体现在较为宏观的层面，即文化语境方面。以下将从影视作品的几个部分阐述文化这一大语境对影视作品翻译的影响及二者的关系。

4.6.1　影视作品翻译的目的

根据德国功能派的翻译目的论，决定任何翻译过程的首要准则是整个翻译行为的目的。所以要成功地完成一部影片的翻译，首先需要弄清楚影片翻译的目的，影视翻译活动必须以观众为导向，主要目的包括三个方面。

4.6.1.1　正确传递影视片的信息内容

翻译理论家和实践家奈达认为：“翻译就是在译人语中用最自然和贴切的语言再现原语的信息，首先在意思上，其次在风格上。”此语道出了一般翻译活动的目的。影视翻译作为文学翻译的一个分支，当然也不例外。影视片翻译中不仅要正确传递原片的语言信息，而且要有效地传达原片的文化信息。与一般文学作品不同，影视艺术是一门声画相结合的艺术形式，是一种“时空艺术”。

这种时空性的制约体现在译制片的配音上要求声画同步，对于字幕翻译则须力求字数与原话语在大致相等的时间内有效地完成信息的传递，同时还要给观众以足够的时间浏览字幕。影片译者在翻译作品的过程中不能不考虑这种特殊制约性。实际上，为了正确、有效地传递原片的信息，“有时是不得不略微牺牲一点‘信’”。

以英语片的汉译为例。由于英、汉分属不同的语系，英语是形合语言，汉语是意合语言。在表达同一个意思时，两者所用的语句长度、词数有时会相差很多，但在翻译时由于字幕字数的限制，必须尽量使英语单词的音节与汉语的字数大体相等。例如：

Rossi：Down deep, the man is a lump of sugar. (*Scent of a Woman*)

罗丝：从内心来讲，这个人好的很。（《女人香》）

以上的画线部分如果采用直译的方，既词不达意，字数上也会有所增加。又如：

Stephania：Have dinner with me tonight.

Michael：All right. And tomorrow night and every night for the rest of your life. (*Love at First Sight*)

丝黛芬尼：今晚陪我吃饭。

迈克尔：好啊，只要你愿意，今生今世，天天一块吃。

（《一见钟情》）

译者将原片中“And tomorrow night and every night for the rest of your life”译成“今生今世”，既自然贴切，字数也适中，同时还充分考虑到了原语中的停顿处。

同时，影视片文化信息的传递也是重要目的之一。要把影视片中丰富的文化信息有效地传递给目的语的受众人，使他们与原片观众有大致相等的文化感受，即获得相当的文化意象。如在影片《浮华世家》中扎克（Zack）说过一句话：“Was Camille so lovely even on her death bed?”，如果将“Camille”这个名字直译成“卡米拉”，恐怕知道她是法国作家大仲马的小说 *The Lady with the Camillias* 中那位美女的中国观众寥寥无几，然而，译者将其译成“天上的仙女”，不仅有效地传递了其文化内涵，还在中国观众心中留下了美好的意象。

4.6.1.2 美学价值

影视片是融合了语言、音乐、绘画、造型、剪辑等的综合艺术，以其独特的视听冲击力和艺术感染力带给观众无与伦比的享受。所以在影视片的翻译中也要尽力展现影视片的这些风格特点。由于翻译是语言的艺术，语言又是有声影视片中的重要元素之一。因此，要完美地展现影视片的美学风格，对翻译语言的仔细推敲必不可少。影视片语言的主要特点是简洁化、口语化、性格化、瞬时性、无注性以及与画面动作相配合的综合性。

1. 简洁化、口语化、大众化

同小说、散文等文学体裁相比，影视片的语言简洁生动、明白晓畅、通俗易懂，并且多以人物对话或内心独白或旁白的形式出现，即十分口语化。基于影视语言的这些鲜明特点，译者在将其翻译成另一国文字时，便不能不考虑语言风格的传译问题，以使他国的电影观众充分感受到影片语言的魅力，否则会因译入语的晦涩难懂、矫揉造作失去大部分观众。如：

Brock：This better be good. (*Titanic*)

布洛克：不要是什么坏事。（《泰坦尼克号》）

Gump：Stupid is as stupid does. (*Forrest Gump*)

阿甘：蠢人就做蠢事。（《阿甘正传》）

2. 性格化

电影是声画相结合的艺术，一幅幅生动、逼真、打动人心的画面由演员演绎出来；演员在表演中除了展现故事情节，同时也展示出剧中人物鲜明饱满的个性。所以电影语言也表现了剧中人物的独特性格。在将人物对白进行翻译时，要力争展现人物的不同个性，以增加人物形象的立体感。如果不注意分析不同人物的多样的个性特点，在翻译时使用同一种风格的语言，将会使人物个性变得呆板、毫无生气，从而大大损伤影片塑造出的人物形象和影片的艺术魅力。如：

Scarlett：As God as my witness, as God as my witness, they' re not going to lick me. I' m going to live through this and when it' s all over, I' ll never be hungry again. No, nor any of my folk. If I have to lie, to steal, cheat, or kill, as God as my witness, I' ll never be hungry again.

(*Gone with the Wind*)

思嘉：让上帝做见证，上帝做见证。我是不会屈服的，我要渡过这难关。战争结束后，我再也不要挨饿了。不要，我的家人也不要。即使让我去撒谎、去偷、去骗、去杀人，上帝作证，我也不要再挨饿。（《乱世佳人》）

译文很好地再现了原片中人物鲜明的性格特征。

3. 瞬时性、无注性

影视剧中人物对白转瞬即逝，观众如果看不懂，也只好放弃，不可能像磁带一样可以反复听（观看 VCD、DVD 影片除外）。因此影视片的翻译字幕也须配合这一要求，不能过长，也不能过短，既留给观众足够的扫视时间，也不能让观众有画面滞后于字幕的感觉；同时，影视片翻译不像其他文学作品的翻译可以加注。所以译者要想方设法在有限的字数内传达出影视片的语言特点，尽量使用简洁、生动、直接的译入语。

4. 综合性

影视片的声音、画面是相融合的。“画面的直观可视性、逼真、直观的人物影像，可以通过形体语言、行为动作的全人类性建立共同的理想前提，在一定程度上，电影电视可以跨越语言文字不同所引起的‘传播阻隔’与交流困难。”影视语言和画面相结合的这一特点在某种程度上对影视片语言翻译起到一种有益的补充。如在影片《阿甘正传》中，校长指着智商分布图对阿甘的母亲说：“Mrs. Gump. Now, this is normal. Forrest is right here.”把它译成：“甘夫人，你看，这个位置是正常的，福勒斯特却在这”配合画面，恐怕没有观众会不知道校长话中的“这”是指阿甘的智商位置。影视艺术是声画的综合性艺术，影视艺术同时也是语言的艺术。要充分传递影视片独特的艺术风格，就必须在语言风格的传递下足功夫，只有译好了影视片的语言，才能帮助观众进一步去领略影视片独具一格的艺术魅力，实现影视翻译的美学目的。

4.6.1.3　商业价值

影视片自诞生之日起就是一门大众化的艺术，是一种世界性的文化娱乐方式，它本身的商业性源自最大限度地赚取票房价值。所以任何制片商都希望自己的影视片能够被广大观众所认可，所喜爱。因此，影视翻译者在翻译时要考虑到影视片的商业目的，使语言更加大众化、通俗易懂，以适应不同层次受众的需要，以吸引更多观众的眼球。当然，这绝不是让译者去天马行空，任意发挥。如有的影视片为了吸引观众注意，常常不择手段，肆意妄为地将片名乱译一气。如将影片 *Mrs. Doubtfire* 译成《疑火太太》，更有甚者译为《肥妈先生》和《窈窕奶爸》，将 *The Matrix* 译成《二十二世纪杀人网络》，将 *True Lies* 译成《魔鬼大帝》等。

4.6.2　字幕翻译与文化

奈达指出：“语言是文化的一部分，任何文本的意义都直接或是间接地反映一个相应文化，词语意义最终也只能在其相应的文化中找到。”语言是文化的载体，文化又深深地植根于语言。文化的传播和传承都必须依靠语言，通过语言而发生的文化传播能够使文化的接受者改变自己的传统文化和思维模式等。

而字幕翻译具有跨语言、跨文化和跨学科等多重功能，理所当然应该得到特殊的重视。字幕翻译既是翻译的一个子领域，有着其他翻译领域的共性，但又有其独特性。它在很大程度上受技术和语境的约束。技术的约束主要指字幕翻译受空间和时间的限制。

语境的约束有两方面：一是影视作品的问题风格，二是视觉语境对字幕翻译的影响。字幕有时间和空间的限制，Basil Hatim 和 Iran Mason 在其文章中指出“从空间上来说，屏幕上字幕不超过两行，一般来说每行最多 33 个字符数（有时可达 40 个）。从时间上来说，字幕在屏幕上最少停留 2 秒钟，最多停留 7 秒。”

因此，字幕翻译必须文字精炼，表意准确，同时又不影响观众的视觉享受和异域文化的领略。

4.6.2.1 中西文化差异对字幕翻译的影响

爱森斯坦在《狄更斯、格里菲斯和我们》一文中指出:“格里菲斯也好，我们的电影也好，其独特性都不是从自己身上凭空产生出来的，而是有它过去的深厚的文化深渊。”尽管全球化的步伐日益加快，跨文化交流也在飞速发展，但中西文化间的差异却是客观存在的且不是一朝一夕便可消除的，只看目前形态各异的影视字幕翻译即可见一斑。而更显而易见的中西文化差异在时下流行的美剧中则比比皆是。

如热播的《越狱》《实习医生格蕾》和我们耳熟能详的《老友记》《欲望都市》《疯狂主妇》等。这些短则 2，3 季长则 10 季的美剧，不仅以精致的画面、生动的对白、扣人心弦的故事情节吸引了大量中国观众，更以其原汁原味的异域文化自动闯入了人们的视野，成为他们日常生活的谈资、话题甚至是生活方式。但由于中西语言文化的差异，在字幕翻译中难免会出现这样那样的困难，如若译文不能有效地将文化意义明晰地传达就会迷惑观众，同时也会导致文化交流的效果大打折扣。

如《老友记》中，瑞秋（Rachel）跟大伙解释她逃婚的原因是“And then I got really freaked out, and that' s when it hit me：how much Barry looks like Mr. Potato Head.”她原来觉得巴里很熟悉，可是结婚前那一刻却觉得他很陌生，活像长相滑稽的 Mr. Potato Head。Mr. Potato Head 是美国家喻户晓的卡通人物，有着滑稽可笑的面孔与笑容。不过，中国人一般都不了解他的样子。有字幕将其翻译作“猪头先生”或“薯头先生”，但两者都不能带给中国观众原语勾起的类似情感体验。因此，中西文化差异导致的文化形象的缺失就阻塞了幽默效果的传递。

4.6.2.2　影视字幕翻译与归化法

通过上述例子我们可以知道，由于汉英语言的差异和在中西文化的不同，造成了字幕翻译的困难。如果在翻译过程中不克服语言和文化两个层面的障碍，会导致文化失真，更无法达到以观众为中心的跨文化交流目的。一般而言，关于处理文化差异的方法有两种：即“异化”（Foreignizing method）与“归化”（Domesticating method）。所谓归化，就是原语（souse language）的语言形式、习惯和文化传统的处理以目的语（target language）为归宿，也就是用符合目的语的语言习惯和文化传统的“最切近自然对等”概念进行翻译，以实现动态对等或功能对等。

所谓异化，就是原语的语言形式、习惯和文化传统的处理以原语为归宿，也就是尽量移用原语中的语言形式、习惯和文化传统，在译文中突出原语的“异国情调”。

概括而言，异化法要求译者向作者靠拢，采取相应于作者所使用的原语表达方式，来传达原文的内容，保留原文的语言和文化差异；而归化法则要求译文在语言层面和文化层面上，尽量向目的语的语言规范、文化习俗和读者接近，最大限度地淡化原文陌生感以增强译文的可读性。异化与归化体现了译文的翻译取向，在实际操作过程中，采用异化还是归化策略并非取决于译者的主观意志，而是由文体类别，以及翻译的目的和功能所决定的。

中西文化差异促使译者大量使用归化翻译。美国迪士尼出品的卡通电影《花木兰》的字幕翻译就很好地用现代流行词汇把中国古代风情表达得淋漓尽致。例如：

1. Khan baby.

阿汗小亲亲。

Hey, we need a ride.

搭个便车吧。

2. Urgent news from the general!

将军府有令!

3. What' s the matter, you' ve never seen a 'black and white' before?

怎么，没见过特殊快递吗?

4. Dishonor on you, Dishonor on your cow.

你跟你的牛会没面子。

“小亲亲”“搭个便车”“特殊快递”“没面子”等这些现代通俗词汇放到古代语境中则渲染了古代人说现代的话的不协调，差异越大幽默效果越强。字幕翻译中现代词汇的运用不仅贴近了老百姓生活，而且有效地淡化英语语言文化的陌生感，帮助观众更好地欣赏原声电影。

一般来说，不同语境和两种文化背景之下的文化意象需要通过转换才有利于观众的理解。但并非所有的文化形象都要转换，转换的依据是语境和效果。在涉及诸多文化因素的《老友记》中提到大量的卡通人物和影视人物及歌星，如丽莎·米内利(Liza Minnelli)、平克·弗洛伊德(Pink Floyd)、兔八哥(Bugs Bunny)、破烂娃娃(Raggedy Ann)、休伊·刘易斯(Huey Lewis)、花生先生(Mr. Peanut)、咸味先生(Mr. Salty)等等。这些专有名词的所指和能指如果一一对应，并处于语气平白的语境中，则多数情况下可以直接音译或直译即可，不必转换文化意象。如果其所指和能指不是一一对应，其能指指向多重意义，则需要考虑如何抓住其内涵实质，且以恰当的风格译出。如：

Rachel：I know I had it this morning, and I know I had it when I was in the kitchen with…

Chandler：…Dinah? (Season 1—102)

Dinah 是《汤姆叔叔的小屋》里的一个人物，一位极有天赋的厨师，书中提到“尽管她做事缺乏条理，没有时间地点观念，总是把厨房弄得乱七八糟，厨具、餐具放得到处都是，好像刚刮过一阵旋风。可是，只要你耐心地等待，黛娜会像变魔术一样将饭菜一样一样摆到你的面前，她那高超的厨技让特别讲究的人也没法挑剔。”这是一个典型的文化背景问题。如将 Dinah 直接翻译作“黛娜”观众肯定会迷惑不解，因为剧中当时并没有出现一位叫黛娜的人，对于中国观众来讲，“黛娜”一词所蕴含的意义并不明了。

结合上下文语境可以看出身为厨师的莫妮卡生性要强，偏偏有个百般挑剔的母亲，因此在母亲到来前手忙脚乱，钱德勒于是将莫妮卡比作黛娜，取笑莫妮卡在母亲来其住所前的慌乱状态。而剧中经常出现人物名字的昵称，如将 Monica（莫妮卡）简称为 Mon（莫），Rachel 简称为 Rach（瑞），据此不妨将之译为“莫大厨”，如此钱德勒的玩笑口气和幽默效果便一目了然。

在字幕翻译中，归化法不仅可以运用在不同文化意象的诠释上，还可以用在英语谐音词和拟声词的翻译上。在《欲望都市》中，凯莉（Carrie）用“zsa zsa zsu”描述了恋爱中怦然心动的感觉：

Carrie：How do you sustain a relationship without the zsa zsa zsu?

…You know, the butterfly in your stomach thing, that happens not only the person, but you got to have them. (Season5—8)

这里的“zsa zsa zsu”是蝴蝶挥动翅膀时候的声音，但翻译时却不可如同将“meou, meou”音译成“喵喵叫”这般简单地把“zsa zsa zsu”译成“沙沙咻”。如若音译，其效果就只能用莫名其妙来形容了。其实“zsa zsa zsu”是指遇到了一个令自己心动的人时那种小鹿乱撞的感觉。虽然最后并没有因此而发展，但是电视机前的女性观众应该都会认同凯莉，我们多么渴望那一瞬间，zsa-zsa-zsu 的感觉。由此可见，将英语中特有的拟声词“zsa zsa zsu”归化翻译成中国观众都熟悉的“恋爱的感觉”或“心动的感觉”是比较合适的。

电影和电视这一广为大众接受欢迎的文化形式随全球化进程迅速成

为跨文化交流的弄潮儿，并催生了字幕翻译这一新兴领域。鉴于影视字幕翻译的特点和目的，在文化因素的处理中一般采用归化策略，译者应充分发挥其创造性，保证让观众以最小的努力获取最明晰的信息，同时注意信息传递的效果。基于英汉两种语言结构的特性和民族文化的差异，翻译过程中不可能将中西双方所有不同的文化现象一一解释和转换。

4.6.3 影视广告作品翻译

引进与翻译的国外影视广告作品是广大广告从业人员借鉴和学习的重要途径。但是如果从传播学的角度分析，影视广告翻译其实构成了双重翻译的机制。首先是翻译人员对影视广告作品的解读与理解；其次在此基础上运用汉语的思维对英语进行语言翻译；最后广告鉴赏者对翻译后的影视广告作品进行分析。

4.6.3.1 翻译人员的经验与广告鉴赏者的构成了两次解码

由于影视广告的独特性，翻译人员在双重翻译过程中起着相当重要的作用。影视广告具有与印刷广告不同的特点，印刷广告是空间性媒介，由于长久保存性的存在，故而对时间的要求性不高；而影视广告由于时间性媒介，所以要求必须在很短时间传达出商品或服务的信息，因此影视广告对创意的要求苛刻。时间要求，创意要求整合起来对影视广告翻译提出了挑战。

如何用准确且恰当的语言和翻译思维方式对国外影视广告作品进行翻译，并且使其保持其原有风格与特色；而且还要使中国的广告鉴赏者在极短的时间内能正确领悟其创意思想与表现。总之对于国外影视广告作品翻译因其独特性而使翻译工作变得较为艰难。

同时也因缺乏对影视广告翻译的准确性把握有可能导致了广告鉴赏的难度增大。最终的结果是，很多学生以及广告爱好者在鉴赏国外的影视广告作品时，经常看得一头雾水，不知道广告要传递什么信息。下面就存在的一些问题进行总结及思考应对之策。

1. 单纯进行字面翻译，忽略文化语境的差别。目前所看到的大多数外国影视广告作品在引进方面主要是采用直接字面翻译的方式进行，即直接把英语语言翻译为等同的中文语言，但对于不同文化语境的差别重视不足。

2. 因为语言符号不提供也不可能提供传播活动的全部意义，所以对语境的忽视导致了作品内容感染力的削弱，而且使对作品的理解在无形之中增加了难度。所谓语境是指“对特定的传播行为直接或间接产生影响的外部事物、条件或因素的总称”。

3. 简而言之，不同国家的文化不同，对语境的依赖程度不同，人们在理解事物的时候由于语境的差别，可能形成传播沟通障碍。单纯的字面翻译是满足不了广告从业人员以及爱好者对影视广告的高要求。如1996年戛纳广告节影视广告作品“日清”方便面。其海鲜篇，内容为：野人一家子嘿哟嘿哟来到悬崖上。野人父亲站在悬崖边，往下一看，有些小石块掉了下去。等野人父亲担心地做完祈祷，野人妈妈拿着大鱼钩来到身后，猛地插进他的屁股，疼得他大叫。然后在家人的期盼下，他勇敢地跳进海里。画面变为字幕英语“hungry?”然后是商品信息“夏天，海鲜面”。但观众只会看到娱乐搞笑的情节，却看不懂hungry跟整个情节之间的逻辑关系。虽然此影视广告为日本人所做，其表现出来的思维与文化却是典型的美国文化思维方式。这说明国外的影视广告作品在被翻译为中文时没能很好地重视语言背后的文化语境差别。

4.6.3.2　影视广告作品本身创意与语言翻译的分离

影视广告作品的创意性很强，尤其是国外的作品。广告饕餮之夜在全世界的风行足可以说明。法国广告收藏家布尔西科先生是“广告饕餮之夜”的创办者。它是广告专业人士的盛会，它的大门是向所有人敞开的，业内人士可以从中看到，学到广告的创意表现手法；圈外人士也从中得到愉悦与礼堂享受。它的成功重要的是它为年轻观众提供了一个心情发泄的绝好场所，是一所欢快、理智的发泄，热而不狂。

“广告饕餮之夜”为观众准备的就是一道广告大餐，就是要每位到场的观众都能得到娱乐和获得满足。广告饕餮之夜在全球已经展映了39个年头。评价影视广告作品的主要标准为：原创性、冲击力和相关性。创意是影视广告的灵魂，也是实现营销任务的重要手段。在翻译影视时，单纯地对语言进行翻译，只能说达到了翻译要求上的“信”，还达不到“雅”的水平。影视广告作品本身创意与语言翻译的分离降低了影视广告作品的自身艺术魅力。

如1996年戛纳广告节影视广告Blackcurrent Tango of Britvic Soft Drinks的Saint George篇。由于篇幅限制，只能简要讲述。故事情节如下：该公司的公关经理Saint Georg站在写字楼窗前念一封法国留学生罗尔的来信。罗尔的信中说，他尝了新潮Tango，但并不喜欢这种口味。Saint Georg越说越愤怒，激动地走出写字楼，边说边脱去衣服。走过街道，跟随的人越来越多，走出城市。等到脱地只剩下一条拳击短裤时，他来到拳击场中，挥舞拳头地说，这并不需要你，我们跟你决斗。背后出现的是三架英国鹞式战斗机在上空盘旋，广告到此停止。

语言翻译很通顺，也没有语病，但是很多人看不懂，更不要说不清楚为什么获奖。该影视广告创意表现是以英法这两个民族之间的互相取笑历史为出发点，并利用英国式的幽默表达出来。没有这样的创意背景性资料的了解，单纯地翻译是不能达到最好的翻译效果。

4.6.3.3 影视广告作品翻译问题应对之策

解决影视广告翻译问题的方法应该首先从影视广告翻译的独特性出发，应该充分重视其时间性要求。为了能让广告观赏者在极短时间内看懂广告，理解广告并深入把握其创意思路，就需要给消费者提供必要而简洁的背景性资料，尤其是关于商品的历史、功能、产品定位等基本情况。这些是理解影视广告作品的前提。其次，要注重不同文化语境差别，并通过翻译来平稳过渡。以美国为代表的西方影视广告思维方式跟中国的差别很大。在它们的广告作品中，故事情节的布局、创意等与商品之间的关系，引进到中国后，会在观赏的时候出现理解上的断裂。这种断裂需要翻译来弥补。总之，影视广告作品的翻译不是一个简单的语言技术翻译问题，而是涉及了文化、广告创意、心理学等学科知识的综合体。对于这个问题的思考还有必要进一步研究。

第七节　商务翻译

商务英语属于专门用途英语（ESP），强调的是在商务这个特定环境下的特种语言交际，具有鲜明的文化语境。在外语学习中，人们往往比较注重语言语境。英语有自身的一套语法规则，而商务英语在英语一般规则的基础上又有其独特的语言规则符合书面语法规则的，语言表达正确的一句话在商务英语写作中有可能是不得体的、不恰当的。商务英语写作中的语言语境体现在格式的多样性，内容的专业性以及语句的独特性。商务英语写作充当国际活动的交流使者，为节省时间，节省精力，对各种写作格式有一定的布局要求和结构排列。

4.7.1　语境与商务英语理解的关系

以下从单词短语、句子、段落三个语言层次来分析语境对商务英语理解的关系。

4.7.1.1　语境对单词或短语理解的影响

英国著名语言学家费思（J . R . Firth）提出一个词的词义会随其上下文不同而变化，或同一个词在不同的地域也会有不同的意思。在这里上下文（co–text）是指在话语中位于某个单项前的语音、词或短语。因此，要理解文章，首先要从正确理解词义开始。

4.7.1.1.1 词的字面意义（Conceptual Meaning）

词的字面意义指的是一个词语所代表的事物，也就是概念意义，它包括指示意义和引申意义。如 Citibank 的广告标题：A Word to Wealthy. 在这里 Word 的字面意思就为“字”，但在广告英语的教学中，我们明白广告标题的作用在于迅速地激发读者的兴趣，因而措辞需要新颖独特并赋予想象力。在这里 word 隐含的意思应为 Citibank 的一言建议就可带给读者财富。

4.7.1.1.2 词的情景意义（Situational Meaning）

词需要与一定的词语搭配并按一定的句法规则组合起来，这样词才具有情景意义或语法意义。如果词脱离了一定的语音环境，其词义就会无法理解。根据 Gillian Brown 和 George Yule 的观念，我们可采用就近理解（local interpretation）和类推（analogy）的方法去理解语境。例如，在《进出口业务英语》中就书面合同部分就有这样的常用句型：

A. We wish to refer to the recent exchange of cables and are pleased to confirm having concluded with you a transaction of 30 metric tons of groundnut kernels.

B. We thank you very much for your order of November 3. After careful consideration, we have come to conclusion that it would be better for us to decline your order in this case.

在这两句商务英语中常用的谈判语中都涉及到了 conclude 的语法，但如把此词放在特定的语言环境中并运用就近理解的原则分析，我们不难得出结论：在 A 句中的情景应为表达希望做成交易之意，所以搭配在 conclude a transaction 中 conclude 应为达成（交易）得意思。但在 B 句中语境应为对对方的定单予以回绝，所以在这里的“come to a conclusion”，意为得出结论。

另外，在商业的谈判中以及付款的方式中都会到 negotiation。但显而易见，在不同的语境中它具有不同的意义，例如：

A. If it is convenient to you, we decide to start our negotiation tomorrow.

B. The credit remains valid for negotiation within 21 days after sight of the draft.

A 句的语境应为商业谈判前的准备，此处的 negotiation 含义为谈判。但 B 句所谈及的信息应为付款方式，此处的 negotiation 应理解为议论。因此，在商务英语中对特定的词汇理解需把它置于一定的语境中才能正确地把握它的不同的词义。

4.7.1.1.3　词的社会文化意义（Socio-cultural Meaning）

作为文化的载体，语言体现着各个民族独特的文化和社会特征。语言是文化的一部分，在不同的社会中、不同的历史甚至不同的经济体制中形成了自己独特的风格及传统。商务英语目的在于不同国家的商业往来，它也不可避免地承袭了语言的这个特征。例如在商务英语的财经英语部分，财务会计的完成在不同的国家就会不同的称谓，如在美国为 Public Accountant（公证会计师），在英国为 Chartered Accountant（特许会计师），在中国为注册会计师。在这里我们了解在美国，在许多领域中都有 public 和 private 之分，诸如 Public University（公立学校）和 Private University（私立学校），在财务上它同样有 Public Accountant（公证会计师）和 Private Accountant（个体会计师）之分。在英国人们对皇家的敬仰也体现在它的其他的文化、经济领域中，它的特许会计师（Chartered Accountant）也就是持有皇家特许证的执业会计师。而在荷兰贸易业拥有悠久的历史，它的会计师制度也存在了很久，但直到 1962 年才确定了注册会计师（Registered Accountant）在荷兰的法律地位。在中国，随着经济体制的变革，会计制度也不断地完善，中国的注册会计师的称谓也是借鉴了国外的用法。因此，在理解社会文化方面的信息就需要运用扩展语境原则（the expanding context）。

4.7.1.2 语境对句子理解的影响

语言交际是一定社会环境下的产物，在不同的社会环境下，语言的语言就会呈现不同的文体（style）并具有不同的交际价值。在商务英语中也存在不同的场景会采取不同的语体来进行商务交流，在日常的口语交际中语言更体现了随意性，但也由于商业英语的特殊性就要求在表达时需要精确。例如 cover 在商务英语中却具有不同的运用：

A. Enclosed you will find a cheque covering all commissions due to you up to date.

B. We have specially raised the commission to 5% so as to enable you to cover the advertising expenses you may incur in sales promotion.

C. The goods are covered against all risks.

在 A 句中“随函附上支票一张，包括今天为止应付给你的佣金。”cover 的精确意思应为“包括”之意。在 B 句中，特表达“我们特提高 5% 的佣金以便你方能支付在促销中所需的广告开支。”因此“cover the advertising expenses”应理解为“支付广告开支”。但在 C 句中的 cover 却有与前两句截然不同的含义，这是一个在保险业中极为普遍的用法，意为“保险”的意思。当然 cover 在其他的文体中还有其他的意义。由此可见，在不同的语境里同样的词汇具有截然不同的含义，要更好地理解特定的词汇就需要把它置于一定的语境中去理解。

4.7.1.3 语境对段落的理解

商务英语的内容包罗万象，诸如广告英语、财经英语、金融英语、国际贸易英语等等。在不同的内容里，同样的词汇就具有了不同的含义，因此，首先我们应确定阅读的文章的大的范围，然后再进一步地去理解。例如在财经英语中出现：“Financial accounting is concerned with preparing information for users outside the organization. For example, suppliers, banks and other lenders may want to know about the company' s profit potential."。在这一段里，作者意在给出某种会计学的定义，具有一定财经基础的读者就明白“为机构之外的有关人员诸如供应商、银行以及关心公司盈利情况的股东提供信息的学科就是财务会计学”，因此在这里 financial 的意思应为“财经的”。在金融英语中出现：“The nature of foreign exchanges requires the expenditure and the acceptance of funds by either a buyer or seller of goods, by parties to some other financial transactions, or for services (such as accommodations) which are traveler might require."

这一段的情景应为金融英语，因此在理解这段里的“financial”的意思时就应运用过去所拥有的金融知识去理解，它的含义应为“金融的”。

商务英语的翻译及理解很大程度上取决于对词汇的正确理解，但是对于语境又是密不可分的。因此在商务英语中理解词汇、短语、段落甚至文章的时候应考虑到语境与它们的关联。可从语言的基本知识、语言的上下文、情景知识、背景知识、社会文化语境等方面去理解商务英语中的含义，这样才能更好地把握某个词汇在特定的环境中的特定的意义，进而理解整个句子、段落甚至全文的含义。

4.7.2 语境与商务翻译

文本是语境的组成部分，两者之间是相互依存相辅相成的。文本所具有的含义主要是依赖于语境才产生的，在特定的语境中往往形成特定的文本模式或文本结构。商务文本其独特的语言特点、丰富多变的行文程式、多样化的文体特色和复杂的内涵等都需要深入的探究，而语境的知识有助于我们对商务文本的意义、交际意图的了解以及对商务文本翻译的掌握。

有关语境因素与文本翻译的研究也备受人们的关注。近年来，语言学界的一些学者对语境的内涵及内部层次的概念进行了阐释（顾建敏，2003 等），他们的研究对我们了解语境以及语境对语言意义的阐释有一定的指导作用，而另一些学者对语境与词义推导方面也做了一些研究工作，但是对语境下 ESP 英语特别是商务文本翻译中择义的生成过程研究不多。本文以下从语境因素的角度，通过案例分析说明在商务文本翻译中语言所依赖的上下文语境因素、情景语境因素和文化语境因素对商务文本翻译择义的影响。

4.7.2.1 语言语境与译入语择义的理据

语言语境或上下文，它在理解阶段起着至关重要的作用。文本上下文是文本本身构成其语言成分的环境。在文本翻译中人们常常通过文本上下文确定词义，假如脱离具体的语境，语言的词义是非限制性的。

因此，在商务文本翻译中，对词义的把握不能囿于词典概括性的、笼统的定义，而往往要依赖语言上下文来确定，正如英国著名语言学家 Firth（1957）所说，"每一个词在一个新的语境中就是一个新词"（each word when used in a new context is a new word）。词义在新的语境中会产生语义嬗变或引申等种种变化，这种词义变化的语境反映就是认知语境的体现。但在商务文本翻译研究中，对这种语义嬗变或引申等现象一般只点到为止，停留在对现象的归纳性总结，没有结合文本特征，从认知思维出发对语境中词义的嬗变机制做出普遍原理性的解释和描写。

语言上下文是文本信息的直接来源，对文本翻译起到消除歧义的作用。商务文本中存在着不少一词多义现象，而这些词语在文本交际中所体现的意义往往是非常微妙和复杂的。上下文语境则有利于消除词语本身所潜在的歧义。如：

(1) I should be glad if I could be of service to you by offering to you the Continental goods which may be of interest to you, such as Colors, Chemicals

and the similar lines which are obtainable in Germany at favorable prices.

（《实用涉外经贸英文函电》，陈永生等编．华语教学出版社，1999：86）

在翻译练习中，许多学生将 the similar lines 译为“同一种绳子”“同一种线”“生产线”“铁轨”等，造成上下文语义不贯通。lines 是多义词，除上述词义外，lines 还有“行当、行业”之解，“行业”在这里又引申为“类似产品”。其语义嬗变的上下文语境认知推导机制在于：lines 和 Colors/Chemicals 并列，共同作为列举出来的下义词与上文的 goods（上义词）构成一个语义场，在同一语义场内，lines 必然受到上义词 goods 的映射而获得该上义词的范畴或类的语义特征——产品 / 商品。而学生在翻译过程中，未能感知到 lines 的这种语义场制约关系，故不能发挥主观能动性，未能做出正确的辨析、判断、推论，形成语义连贯的译文：“如颜料、化工产品以及其他类似产品”。lines 的这种语义嬗变机制的特征就是“语义场”（semantic field），而这种语义场的语篇显著标记就是由一个短语 such as（列举）所触发的。因此，在商务翻译中要正确地识别、归纳、总结类似的语义场触发标记语及其认知机制。

(2) Bill of Lading are to be made out to order and blank endorsed.（《外贸英语函电》，尹小莹，西安交通大学出版社，2004：125）

在上例中，endorse 和 order 都是多义词，前者有“在（支票等）背面签名，背书”“在（文件）上批注”“赞同”“担保”等释义，如，Please inform us as your application for import licence has been endorsed.（你方进口许可证申请得到批准，请即电告）。后者作为动词有“整理”“下命令”“订货”“定购”等释义。

究竟如何判断和选择正确的义项，其上下文语境中哪些关联性词语对正确选择词义的认知框架起可参照性作用，从原文可以看出，由于关键词 Bill of Lading 以及 to be made out 的制约，不能将 endorse 译为“批注”“赞同”或“担保”，应该选择“背书”释义，也不能将 order 译为“下命令”或“订货”，在此为“空白抬头”之意，可见，译者必须通过了解专业知识和上下文知识排除不相关联的义项，在语篇翻译中必须善于识别上下文中那些有标记的触发语或无标记的、潜在的参照性词语，结合相关专业知识，建立起词义辨析认知框架，而不能孤立地理解词语的意义。

4.7.2.2 情景语境与商务文本翻译的择义理据

情景语境就是产生语言活动的环境，它包括时间、空间和语言交际参与者。分析情景语境是把握原文的意境、气氛的一个重要手段，由于语言是在一定的交际环境中使用的，因此，分析语言现象，必须把它和它所依赖的语境联系起来，因为一个词的词义和话语意义常常不仅仅是由其语言因素来确定，而是依赖情景语境而定。同一词语在不同的语境中有着不同的含义，不仅要根据语法结构和搭配关系来考虑词义，而且还要根据产生话语的情景语境做进一步的分析、判断、归纳、总结，以弄清楚该词语所表达的真正意思。离开一定的语境，把一个语言片断孤立起来分析，就难以确定这个语言片断的结构和意义。在一些具体情景的翻译中，容易出现误译，甚至会贻笑大方。

(1)…We enclose our invoice and shall draw on you at sight against this shipment through Bank of China here, as agreed.

（《商务英语翻译》，张新红、李明主编．高等教育出版社，2003：180）

上例中 draw on，at sight，against 这 3 个词的意义值得斟酌，它们在不同的交际情景语境中有不同的意思。draw on 一般意为“戴上”或“向……支取”；而 at sight 则为“一见……就”之意；against 是介词，通常意为“反对”之意，例如，No one is against this proposal.（没人反对这个提议。）另外还有“用……交换，用……兑付”之意，如 the rates against U. S.

dollars（美元兑换率）。但在商务文本语境中，特别是银行汇票或信用证中出现的 against 却另有所指，一般词典无其释义及相关用法，其意思是“凭……”“以……”（“take as the basis” or meaning of “by”）。本句的 draw on 意为“向（某方）开出……票据”，at sight 是“见票即付”的意思，而 against 则是“凭……”“以……”。弄懂这 3 个词在商务文本语境中的意义，那么整句就可以翻译为：……我们将按约定通过本地中国银行向你方开出这批货的即期汇票，请见票即付……。假如脱离了商务语境，按一般词义意义翻译的话，译文就不能与整个商务语篇意义产生关联性融合。

4.7.2.3　文化语境与商务文本翻译的择义理据

由于各国的政治、经济、文化、风俗习惯、价值观念及行为模式等不同，形成了各自独特的文化特性和语言表达方式。因此，在翻译时必须考虑与文本密切相关的社会文化背景，因为翻译不仅是语符表层指称意义的转换，更是两种不同文化的相互沟通和移植，译者要从原文文化语境的角度理解原文，将原文信息重新表述为译文读者接受和理解的语篇。在翻译时不能简单地按句子语符表层指称意义直译，应弄懂文化内涵，才能更好地进行跨文化沟通。

北京宏超永业国际科贸有限公司作为中国食品基地的海外窗口企业，在 1996 年成立以来，利用高效率的信息管理和海外零售业丰富渠道的优势，以“销售服务”作为运作准则；以诚信务实、以人为本为经营理念，通过降低中间流通成本，提高了中国产品在世界市场的竞争力，使中国大量符合国际标准的食品进入海外市场。

（北京宏超永业国际科贸有限公司）

原译：Beijing HCYY is a key company dealing with the export business of Chinese food. Since 1996 the company has got great advantage by the efficient information, well management and multi-channel in abroad retail business. Our concept is sale of good service. Honorable and meet the customers' requirement as first priority. The Company keeps conducting to reduce the circulating cost and strengthen the Chinese foods to be more competitive and conform to the international standard.

问题评析：首先，这是一则典型的逐词对译的对外宣传资料。在汉语社会文化语境中，很多企业为了宣传自己不惜篇幅，不亦乐乎地用抽象的口号式无实质性内容的宣传语和励志语，如，“以‘销售服务’作为运作准则；以诚信务实、以人为本为经营理念”。

在产品说明书汉译英中，如果一味按照中文字面翻译，那肯定会闹出笑话，读者也难以接受。假如按这种方法译成英语，会有过多冗余文字，违反英文简练的风格。在西方文化语境中，顾客是企业产品和服务的最好评判者。

因此，涉及类似的对外宣传资料翻译应该考虑社会文化语境下不同民族的思维方式，考虑受众信息需求性与潜在的接受心理，站在客户的角度来理解企业，用简洁、明了的措辞来表达，略去非关联性文字或虚化语义文字，突出关联性的具有特色的信息，强调公司的性质，经营的范围等核心内容。

其次，忽略词义内涵，用词不当。“retail business”中 retail 词义本身蕴含 business，因此，retail business 中的 business 属画蛇添足之举，应该删掉这冗余信息。最后，忽略了英汉语言结构方式。不同文化语境下有着不同的语言结构和语篇层次，在翻译中应予以关注，译文中“The Company keeps conducting to… and strengthen the Chinese foods to… and conform to…”中动词短语…and strengthen…, and conform to…” 怎能和 keep… doing sth. 这一结构并列使用呢？既不符合该短语的语法结构搭配，又不能满足语言结构对等、和谐的审美感。

改译：Beijing HCYY is a leading company of exporting Chinese food. Since

1996 the company has gained profit from the way of efficient information, well management and multi-channel in retail abroad. With the principle of "service to customers", the Company keeps reducing the circulating cost, strengthing the marketing competition and entering into the international market.

（6）桂林山水甲天下

译文：East or west, Guilin scenery is best.

这则翻译体现了“桂林山水甲天下”的基本内容和中心思想，起到画龙点睛的作用。首先，译者考虑的是将“桂林山水甲天下”这一名句的翻译融入一个动态的过程中；其次，译者考虑的翻译不仅仅限制在语符表层指称意义的转换，而是着重在两种不同文化的相互沟通和移植，从原文文化语境的角度理解原文，将原文信息重新表述为译文读者接受和理解的语篇；最后，译者在充分考虑原文思想内容的基础上，通过借助西方经典谚语“East or west, home is best”这一文化理念，把译文通过一个互动的过程把文本、原文思想、文化内涵等因素相互交织，互相融合在一起，概括、归纳、综合出前后呼应，浑然一体，反映出东西方文化的思想的名句译文：East or west, Guilin scenery is best.

4.7.3　文化语境与商务英语翻译

“文化语境”是指与言语交际相联系的社会文化背景，是关于言语行为的文化信息特征。文化语境对于语言的交际能力培养有着十分重要的作用。交际能力指的是操本族语的人在不同场合对语言的恰当性的理解和判断，这一能力的核心体现在语言的得体性方面，即语言运用要适合特定的社会文化语境。所以，语言学习者学习语言不仅要掌握“语言能力”（Language Competence），还应具备语言的交际能力（Communicative Competence）。商务英语是一门特殊用途语体，虽然本质上来讲它是一门语言性学科，但它更是“一门社会技能的学科”，侧重于商务环境中的语言运用能力，尤其是跨文化商务交际的能力；商务英语在语言内外都与汉语有着鲜明的文化差异，这些差异要求商务英语语言的习得必须建构合适的文化语境，以确保语言的得体性。

4.7.3.1 高语境（high-context）和低语境（low-context）

低文化语境的人在交际时，一般用精确的词语、话语和大量的细节、事实阐述主题。美国、英国是典型的低文化语境国家，他们更侧重谈话的内容是什么，而不是谁在谈话。高文化语境文化的人刚好相反，谈话者更看重的是谁在谈话，谈话者所处的物理环境和肢体语言，对于对方的一个眼神、手势往往要揣摩再三，较少关注谈话的实际内容。中国文化则是这类文化的代表。请看下面中国商人 Oscar 和美国商人 Irving 的对话：

Irving：Oscar, anything else to add? Your line of business is, again, quite different from what PK and Tony have. And, I presume market information will be quite important.

Oscar：Yes. What have been mentioned previously by the three gentlemen, I think they are quite sufficient to cover all the basic requirement of a salesman. My business is textile. The salesman is... The quality of the salesman, needs something different. Because the volume of making sales in textiles is about at least over ten thousand U.S dollars. So, for a salesman, also have to understand about the financial situation and things like that. (Linda Wei, 1982)

从以上对话中我们可以看出：Irving 开门见山，直接谈主题，而中国商 Oscar 却没有直接回答 Irving 的问题，旁敲侧击，话语跳跃性很大。在这小段对话中，Oscar 泛泛而谈地闲聊了业务范围、营销人员素质问题等，思维跳跃了数次。但是他的目的却很明确：想和 Irving 套近乎，以营造一种和谐的气氛，再进行实质性的会谈。

4.7.3.2　高权利距离（high power-distance）和低权利距离（low power-distance）

在世界文化中，汉语文化和英语文化分别代表了两类不同的文化：高权利距离文化和低权利距离文化。在高权利距离文化社会里，人们在交往中往往看重对方的头衔和职务身份，强调的是下级对上级的服从，上级对下级的权威。公司里员工的商务活动都是遵照经理、老板的指令指小心翼翼地执行，很少表达自己的意见和看法。经常出现的口语便是“I need to check with my leaders.”在中国，高权利距离文化影响社会的各个方面，体现在称呼上，人们习惯以“姓 + 头衔 / 职务”的方式称呼对方，比如：“李科长”“王经理”“张老板”等。低权利距离文化尤其是美国文化则没有这么多讲究，上级就是上级，只是一种职务而已。在这种文化里，公司员工被给予更多的责任和决策权。

4.7.3.3　客体思维（Objective Thought）和主体思维（Subjective Thought）

客体思维和主体思维是哲学的两种基本思维方式。客体思维也叫“理性思维”，是西方人的主要思维模式，它具有客观性、抽象性、逻辑性和精确性；主体思维也叫“悟性思维”，是中国人的主要思维模式，具有主观性、直觉性、形象性和模糊性。受主体思维的影响，汉语句子常用主动式，表达随意，意义模糊，歧义现象较多。英语深受客体思维的影响，常用被动式，表达严谨、精确，歧义现象较少。在商务英语信函中被动句较普遍，如：Your prompt reply will be appreciated.（敬候你方早复），The goods are to be marked with our initials in a diamond.（请将货物标上菱形，印上我公司英文名字的首字母。）做主语的名词多为抽象的客观事物。此外动词名用、形容词用作名词的现象也非常普遍，如：We are in receipt of your letter dated March 22, 2022.（我方已收到你方 2022 年 3 月 22 号的来信），If you make a 10% reduction in price, we may come to terms.（如果你方降价 10%，我们就能达成交易。）Because of their softness and durability, our all cotton bed sheets and pillowcases are rapidly becoming popular.（由于柔软和耐用，我们的棉布床单和枕套越来越畅销。）这种用法避免了主观语气，有利于表达抽象的概念，使得商务英语的表达更为客观、科学和简洁。商务英语的语篇也深受西方客体思维的影响，具有明显的文化特性，多为亚里斯多德的演绎逻辑思维模式（genera-to-specific sequence）：突出主题句，注重分析推理由近及远、开门见山地围绕主题展开。如：

I suggest that we delay making our decision until after Legco makes its decision. That' s because I think a certain amount of caution in committing to TV advertisement is necessary because of the expense. In addition to that, most of out production is done in China now, and it's not really certain how Hong Kong will be like after 1997. (Ronald Scollon and Suzanne Wong Scollon, 1995)

文中的话语结构体现出了典型的西式演绎法：首先陈述结论性话题，然后是原因、实事、论据。这与受主体思维影响的语篇有明显的区别，中国人的语篇通常采用“领悟式的归纳”结构（because-therefore structure），由远及近，把结论性的话语放在最后。

由此可见，语境是商务交际双方进行交际的条件，是选择文本含义的基础和重要依据。因此，翻译过程中应根据具体语境对语义的嬗变或引申进行分析、推理，才能定位和把握它的恰当意义，假如脱离语境，就难以确定该语言片断的结构和意义，在具体翻译中人们就不能正确选择词义，交际就不能顺利进行。

第五章 结 论

语境作为语言学、社会语言学、话语分析和语用学中的一个重要概念，它影响着话语产生和话语解释。一直以来，人们都认为翻译只是在不同的语言之间进行，因此译者的注意力主要集中在语言忠实原文方面，结果原文中的“韵味”在一定程度上受到损失。语言环境在翻译过程中是十分必要的因素。奈达曾在他后期的翻译理论研究中认为，作为翻译目的的“功能对等”其实是基于语境的层面，而不是语言系统本身。在翻译中，引起误译的原因往往不是不理解原文的语言环境，而是对非语言环境的忽视。语境因素在翻译过程中起着至关重要的作用，译者要根据特定的语境来进行协调和权衡，决定自己的翻译策略，也就是说语境决定了翻译的标准以及译者所应采用的翻译手段。为此，本文从语境理论出发，采取系统分析性研究方法，通过推理论述，个例分析等手段，剖析语境因素与翻译活动之间的密切关系，对语境因素在成功的翻译实践过程中所起到的重要作用进行了详尽的论述。

传统翻译理论主要从纯语言学角度探讨翻译，仅在语言层面上论对等，忽视了更深层次的言语意思对等。在翻译过程中，不考虑语境，不动态地理解原文的意思，就谈不上正确的理解和翻译原文；不考虑语境，不区别语言意义和言语意思，就不可避免地导致“不可译性”。

语境是言语交际的重要组成部分，也是正确理解原文中恰当表达译文的基础。在翻译过程中，排除语言单位的多义性和选择翻译等值词语取决于一系列因素：狭义上下文、广义上下文、和超语言环境。不考虑这些因素的相互作用，就不能理解言语产物，因而也就不能进行翻译。（巴尔胡达洛夫著，蔡毅等编著，1985：143）因此译员在跨文化交际过程中必须考虑语境的功能和作用，避免造成误译和错译，从而大大影响了翻译效果。

语境是语言交际的核心要素，无论从语义学还是语用学角度看，翻译过程中的语境问题都值得高度重视。语境和翻译的重要关系，给翻译教学增添了新的内容。因此，研究翻译中语境的作用、语境的特点及其功能有着非常重要的理论和现实意义。

语境和翻译之间的辩证关系是客观存在的，我们在翻译教学中要把语境纳入进来，把语境因素与语言特点系统地结合起来，将语境理论知识传授给学生。只有在翻译教学中重视语境知识的传授，在翻译实践中结合语境要素的作用，才能够成功地完成跨文化交际。

主要参考文献

[1] Firth, J. R. *Personality and Language in Society* [M]. Oxford University Press, London, 1957. 177–189.

[2] Firth, J.R. *Papers in Linguistics* [M]. Oxford University Press, Oxford. 1957.

[3] Firth, J.R. *Modes of Meaning* [M]. Oxford University Press, London, 1957. 190–215.

[4] Firth, J.R. *The Technique of Semantics* [M]. Transactions of the Philological Society, 1935. 34, 36–72.

[5] Newmark. Peter. *Translation Theory or Spoof* [J]. Lecture delivered at the SSLMIT: Trieste University, 1995（5）.

[6] Katan. David. *Translating Cultures: An Introduction for Translators. Interpreters and Mediators* [M].London: Blackwell, 1994.

[7] Nida. Eugene A. Charles R Taber. *The Theory and Practice of Translation* [M]. Leiden: E. J Brill. 1969.

[8] Halliday, M.A.K. *Language as Social Semiotic* [M]. London and New York: Arnold, 1978.

[9] Snell–Hornby. *Translation Studies*：*An Integrated Approach*[M]. Shanghai: Shanghai Foreign Language Education Press. 2001.

[10] Snell. Horby. *The Turns of Translation Studies: New Paradigms or Shifting Viewpoints*? Amsterdam: John Benjamins Publishing Company. 2006.

[11] 陈望道 . 修辞学发凡 [M]. 上海：复旦大学出版社，1979. 11.

[12] 张志公 . 现代汉语 [M]. 北京：人民教育出版社，1982.

[13] 王德春 . 语言学通论 [M]. 北京：北京大学出版社，1989.

[14] 胡壮麟 . 语篇的衔接和连贯 [M]. 上海：上海外语教育出版社，1994.
[15] 何自然 . 语用学与英语学习 [M]. 上海：上海外语教育出版社，1997.
[16] [英]Sperber，D.Wilson, 关联性：交际与认知 [M]. 何自然，冉永平译 . 北京：外语教学与研究出版社，2001.
[17] [日] 西棋光正 . 现代汉语语境研究 [M]. 杭州：浙江大学出版社，2002.
[18] 何兆熊 . 语用学概要 [M]. 上海：上海外语教育出版社，1999.
[19] [比利时] Jef.Verschueren. 语用学新解 [M]. 北京：外语教学与研究出版社，1999.
[20] [美] 尤金 · 奈达 . 翻译科学探索 [M]. 上海：上海外语教育出版社，1964.
[21] 谭载喜 . 西方翻译简史 [M]. 北京：商务印书馆，2004. 249.
[22] [苏联] 巴尔胡达罗夫 . 语言与翻译 [M]. 蔡毅译 . 北京：中国对外翻译出版公司，1985.
[23] 高聪 . 翻译与跨文化交际策略 [J]. 中外交流，2017，（34）：135-136.
[24] 任莺 . 翻译与跨文化交际 [J]. 海外英语（上），2015，（11）：9-10.
[25] 轩若玉，翟璐 . 跨文化交际视角下的翻译研究 [J]. 卷宗，2017，（24）：266-266.
[26] 牛瑞芝 . 英语翻译中的跨文化交际 [J]. 中外交流，2018，（14）：103.
[27] 朱丹 . 探究跨文化交际翻译中的差异与融合 [J]. 都市家教（下半月），2017，（12）：176.
[28] 许振辉 . 基于跨文化交际的翻译差异与融合途径 [J]. 湖北函授大学学报，2017，（21）：166-167，170.
[29] 庞彦杰 . 跨文化交际视角下的商标词翻译 [J]. 河北理工大学学报（社

会科学版），2010，（5）：156–158.

[30] 于艳英，苟慧洁 . 从跨文化交际角度分析公示语过度翻译现象 [J]. 信息记录材料，2018，（2）：200–201.

[31] [美]C · K · 奥格登 / I · A · 理查兹 . 意义之意义 [M]. 白人立，国庆祝译 . 北京：北京师范大学出版社，2000. 3.

[32] 戚雨村 . 语言学引论 [M]. 上海：上海外语教育出版社，1991. 13.